ratio

Band 36

Von der Republik zum Prinzipat

Cicero – Vergil – Horaz – Augustinus

bearbeitet von
Horst Weinold

C. C. Buchners Verlag · Bamberg

ratio

Lernzielbezogene lateinische Texte
Begründet von Erich Happ und Klaus Westphalen
Herausgegeben von Wolfgang Flurl und Wilfried Olbrich

2. Auflage 2 4 3 2 1 2001 00 1999 98

Die letzte Zahl bedeutet das Jahr dieses Druckes.

Alle Drucke dieser Auflage sind, weil untereinander unverändert, nebeneinander benutzbar.

Dieses Werk folgt der reformierten Rechtschreibung und Zeichensetzung. Ausnahmen bilden Texte, bei denen künstlerische, philologische oder lizenzrechtliche Gründe einer Änderung entgegenstehen.

ISBN 3 7661 **5866** X

Gesamtherstellung: Graphischer Großbetrieb Friedrich Pustet, Regensburg

Inhaltsverzeichnis

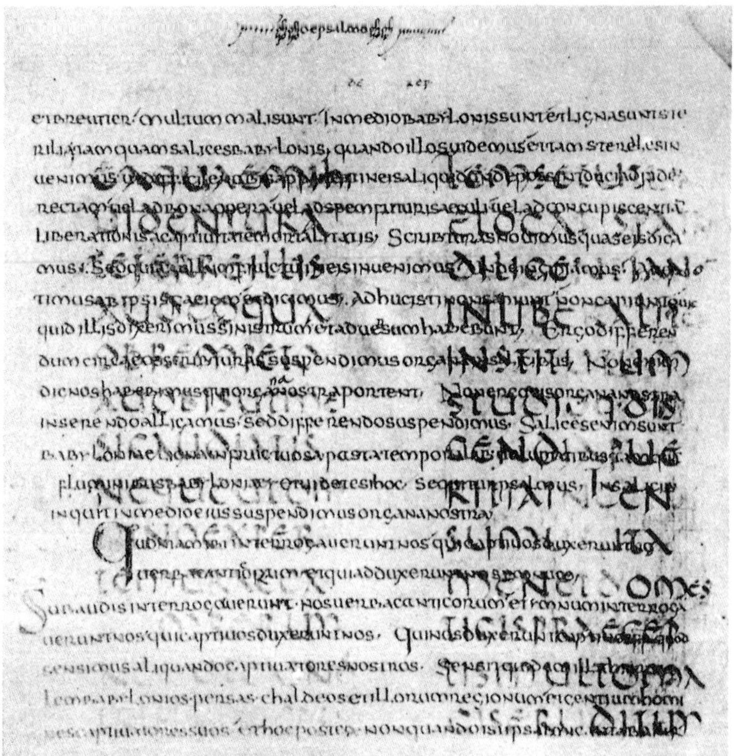

Palimpsest: Manuskript von Ciceros „De re publica“ aus dem 4. Jahrhundert (die große Schrift). Darüber war im 7. oder 8. Jahrhundert ein Text von Augustinus aus „Enarrationes in Psalmos“ geschrieben worden.

1. Cicero, De re publica

1.1 Die Verpflichtung zu politischem Engagement (1.1–2; 8–11)

Im Prooemium zum ersten Buch seiner Staatsschrift spricht Cicero selbst zum Leser und erörtert, ob man sich der Politik widmen soll.

1 ... M. vero Catoni, homini ignoto et novo, quo omnes, qui isdem rebus studemus, quasi exemplari ad industriam virtutemque ducimur, certe licuit Tusculi se in otio delectare, salubri et propinquo loco. Sed homo demens, ut isti putant, cum cogeret eum necessitas nulla, in his undis et tempestatibus ad summam senectutem maluit iactari quam in illa tranquillitate atque otio iucundissime vivere. Omitto innumerabiles viros, quorum singuli saluti huic civitati fuerunt, et qui sunt ⟨haud⟩ procul ab aetatis huius memoria; commemorare eos desino, ne quis se aut suorum aliquem praetermissum queratur. Unum hoc definio: tantam esse necessitatem virtutis generi hominum a natura tantumque amorem ad communem salutem defendendam datum, ut ea vis omnia blandimenta voluptatis otiique vicerit.

2 Nec vero habere virtutem satis est quasi artem aliquam, nisi utare; etsi ars quidem, cum ea non utare, scientia tamen ipsa teneri potest, virtus in usu sui tota posita est; usus autem eius est maximus civitatis gubernatio et earum ipsarum rerum, quas isti in angulis personant, reapse, non oratione perfectio. Nihil enim dicitur a philosophis, quod quidem recte honesteque dicatur, quod ⟨non⟩ ab iis partum confirmatumque sit, a quibus civitatibus iura discripta sunt. Unde enim pietas aut a quibus religio? unde ius aut gentium aut hoc ipsum civile quod dicitur? unde iustitia, fides, aequitas? unde pudor, continentia, fuga turpitudinis, appetentia laudis et honestatis? unde in laboribus et periculis fortitudo? Nempe ab iis, qui haec disciplinis informata alia moribus confirmarunt, sanxerunt autem alia legibus.

---

1 **vero** vollends, nun gar – **quo** ~ *a quo* – **exemplar** (zu *eximere*): Vorbild, Muster, Ideal – **cum cogeret**: konzessiv – **haud procul ab aetatis huius memoria** nicht weit von (der Zeit) unserer Generation – **definire** h. feststellen – **necessitas virtutis** ein innerer Drang zur *virtus*; Konstr.: *tantam esse necessitatem ... tantumque amorem ... datum*

2 **cum eā non utare**: konzessiv; *utare* ~ *utaris* – **reapse**: altertümlich für *re ipsa* in der Tat, wirklich – **quod quidem** (m. Konj.): wenigstens soweit – **iura discripta sunt** es wurden Rechtsordnungen geschaffen – **quod dicitur** sogenannt – **nempe** doch wohl – **haec** (Neutr. Pl.): die eben genannten *virtutes* – **disciplinis informata** durch Belehrungen (in den Menschen) geformt – **alia ... alia** teils ... teils

8 Neque enim hac nos patria lege genuit aut educavit, ut nulla quasi alimenta exspectaret a nobis ac tantummodo nostris ipsa commodis serviens tutum perfugium otio nostro suppeditaret et tranquillum ad quietem locum, sed ut plurimas et maximas nostri animi, ingenii, consilii partes ipsa sibi ad utilitatem suam pigneraretur tantumque nobis in nostrum privatum usum, quantum ipsi superesse posset, remitteret.

9 Iam illa perfugia, quae sumunt sibi ad excusationem, quo facilius otio perfruantur, certe minime sunt audienda, cum ita dicunt accedere ad rem publicam plerumque homines nulla re bona dignos, cum quibus comparari sordidum, confligere autem, multitudine praesertim incitata, miserum et periculosum sit. Quam ob rem neque sapientis esse accipere habenas, cum insanos atque indomitos impetus vulgi cohibere non possit, neque liberi cum impuris atque immanibus adversariis decertantem vel contumeliarum verbera subire vel exspectare sapienti non ferendas iniurias; proinde quasi bonis et fortibus et magno animo praeditis ulla sit ad rem publicam adeundi causa iustior, quam ne pareant improbis neve ab isdem lacerari rem publicam patiantur, cum ipsi auxilium ferre, si cupiant, non queant.

10 Illa autem exceptio cui probari tandem potest, quod negant sapientem suscepturum ullam rei publicae partem, extra quam si eum tempus et necessitas coegerit? Quasi vero maior cuiquam necessitas accidere

---

8 **hac lege** unter folgender Voraussetzung – **alimentum** Erzieherlohn – **suppeditare** reichlich gewähren, bieten – **pignerari** zum Pfand (*pignus*) nehmen, beanspruchen – **ipsi superesse**: *alci alqd superest* jem. hat etwas übrig, kann etwas entbehren – **remittere** h. zugestehen, überlassen, gönnen

9 **iam** ferner, außerdem – **perfugium** h. Ausflucht – **cum** wenn (explik.) – **accedere ad rem publicam** Politiker werden – **sordidus** h. ordinär, entwürdigend; Konstr.: Vom *dicunt* des vorigen Satzes hängt ab ... *neque sapientis esse* ... *neque liberi* ... *decertantem vel* ... *subire vel exspectare* ... – **accipere habenas** die Zügel (des Staates) ergreifen – **insanus**: h. vom geistigen Zustand – **immanis** roh, unmenschlich – **contumeliarum verbera subire** sich hässlichen Beschimpfungen aussetzen (wörtlich: die Schläge von Beschimpfungen auf sich nehmen) – **proinde quasi** als ob – **adire ad rem publicam** ~ *accedere ad rem publicam* – **cum**: kausal oder adversativ – **ipsi**: Nom. Pl. – **si cupiant**: si ~ *etiamsi*, der Konj. ist potenzial. – **quire** (Verbum defectivum): können (*queant*: 3. Pers. Pl. Konj. Präs.)

10 **exceptio** Ausnahme, Einschränkung, Einwand (des Angeklagten) – **mihi alqd probatur** etwas gewinnt meinen Beifall, gefällt mir – **quod negant**: fakt. *quod* – **pars** h. Staatsamt – **extra quam** ~ *praeterquam* – **quasi vero** ~ *proinde quasi*: als ob

possit, quam accidit nobis; in qua quid facere potuissem, nisi tum consul fuissem? Consul autem esse qui potui, nisi eum vitae cursum tenuissem a pueritia, per quem equestri loco natus pervenirem ad honorem amplissimum? Non igitur potestas est ex tempore, aut cum velis, opitulandi rei publicae, quamvis ea prematur periculis, nisi eo
11 loco sis, ut tibi id facere liceat. Maximeque hoc in hominum doctorum oratione mihi mirum videri solet, quod, qui tranquillo mari gubernare se negent posse, quod nec didicerint nec umquam scire curaverint, iidem ad gubernacula se accessuros profiteantur excitatis maximis fluctibus. Isti enim palam dicere atque in eo multum etiam gloriari solent se de rationibus rerum publicarum aut constituendarum aut tuendarum nihil nec didicisse umquam nec docere, earumque rerum scientiam non doctis hominibus ac sapientibus, sed in illo genere exercitatis concedendam putant. Quare qui convenit polliceri operam suam rei publicae tum denique, si necessitate cogantur, cum, quod est multo proclivius, nulla necessitate premente rem publicam regere nesciant? Equidem, ut verum esset sua voluntate sapientem descendere ad rationes civitatis non solere, sin autem temporibus cogeretur, tum id munus denique non recusare, tamen arbitrarer hanc rerum civilium minime neglegendam scientiam sapienti, propterea quod omnia essent ei praeparanda, quibus nesciret, an aliquando uti necesse esset.

---

accidit: h. Perfekt – **qui** wie – **equestri loco natus** obwohl nur . . . – **ex tempore** je nach der Lage – **opitulari** Hilfe bringen

11 **curare**: h. ~ *studere* – **palam** (Adv.): öffentlich – **in illo genere exercitatis** den Praktikern in jenem Fach (der Politik) – **qui convenit** wie passt es zusammen? – **cum**: adversativ – **proclivis** vorwärts geneigt, abschüssig; h. leicht zu tun – **equidem** ich jedenfalls – **ut verum esset** gesetzt den Fall, es wäre wahr – **quibus**: in relativer Verschränkung abhängig von *uti* – **nesciret, an** vielleicht

1.2 Ursprung und Wesen des Staates (1.39–41)

Auf Bitten der anderen Gesprächsteilnehmer erklärt sich Scipio bereit, über das Gemeinwesen zu sprechen, möchte aber nicht griechische Staatstheorie vortragen, sondern römische Praxis, erhellt durch seine Kenntnis der griechischen Denker.

39 „Est igitur“, inquit Africanus, „res publica res populi, populus autem non omnis hominum coetus quoquo modo congregatus, sed coetus multitudinis iuris consensu et utilitatis communione sociatus. Eius autem prima causa coeundi est non tam imbecillitas quam naturalis quaedam hominum quasi congregatio; non est enim singulare nec solivagum genus hoc, sed ita generatum, ut ne in omnium quidem rerum afflu⟨entia in solitudine vitam agere velit, sed communionis ac societatis appetens sit.⟩

In der nun folgenden Lücke führte Scipio vermutlich aus, der Mensch sei *naturā congregabilis* und trage in sich *iustitiae quaedam quasi semina*.

41 . . . Hi coetus igitur hac, de qua exposui, causa instituti sedem primum certo loco domiciliorum causa constituerunt; quam cum locis manuque saepsissent, eius modi coniunctionem tectorum oppidum vel urbem appellaverunt delubris distinctam spatiisque communibus. Omnis ergo populus, qui est talis coetus multitudinis, qualem exposui, omnis civitas, quae est constitutio populi, omnis res publica, quae, ut dixi, populi res est, consilio quodam regenda est, ut diuturna sit. Id autem consilium primum semper ad eam causam referendum est, quae causa genuit civitatem.

1.3 Verfassungstheorie und Verfassungsformen

(1.42–49; 51–54; 65–69)

42 Deinde aut uni tribuendum est aut delectis quibusdam aut suscipiendum est multitudini atque omnibus. Quare cum penes unum est omnium summa rerum, regem illum unum vocamus et regnum eius rei

---

39 **coetus quoquo modo congregatus** eine irgendwie zusammengescharte Vereinigung – **imbecillitas** (Gefühl der) Schwäche, Unzulänglichkeit – **solívagus** (*solus, vagari*): allein umherschweifend, einzelgängerisch – **affluentia** Überfluss

41 **locis manuque** durch natürliche Lage und Menschenhand – **delúbrum** (zu *deluere* abwaschen): Tempel – **distinguere** h. gliedern, schmücken – **consilium** h. Staatsgewalt

42 **tribuendum est**: erg. *consilium* – **penes** (Präp. m. Akk.): in jemands Besitz

publicae statum. Cum autem est penes delectos, tum illa civitas optimatium arbitrio regi dicitur. Illa autem est civitas popularis (sic enim appellant), in qua in populo sunt omnia. Atque horum trium generum quodvis, si teneat illud vinculum, quod primum homines inter se rei publicae societate devinxit, non perfectum illud quidem neque mea sententia optimum ⟨est⟩, tolerabile tamen, et ⟨ut⟩ aliud alio possit esse praestantius. Nam vel rex aequus ac sapiens vel delecti ac principes cives vel ipse populus, quamquam id est minime probandum, tamen nullis interiectis iniquitatibus aut cupiditatibus posse videtur aliquo esse non incerto statu.

43 Sed et in regnis nimis expertes sunt ceteri communis iuris et consilii, et in optimatium dominatu vix particeps libertatis potest esse multitudo, cum omni consilio communi ac potestate careat, et cum omnia per populum geruntur quamvis iustum atque moderatum, tamen ipsa aequabilitas est iniqua, cum habet nullos gradus dignitatis. Itaque si Cyrus ille Perses iustissimus fuit sapientissimusque rex, tamen mihi populi res (ea enim est, ut dixi antea, publica) non maxime expetenda fuisse illa videtur, cum regeretur unius nutu ac modo; si Massilienses, nostri clientes, per delectos et principes cives summa iustitia reguntur, inest tamen in ea condicione populi similitudo quaedam servitutis; si Athenienses quibusdam temporibus sublato Areopago nihil nisi populi scitis ac decretis agebant, quoniam distinctos dignitatis gradus non habebant, non tenebat ornatum suum civitas.

44 Atque hoc loquor de tribus his generibus rerum publicarum non turbatis atque permixtis, sed suum statum tenentibus. Quae genera primum sunt in iis singula vitiis, quae ante dixi, deinde habent perniciosa alia vitia; nullum est enim genus illarum rerum publicarum, quod non habeat iter ad finitimum quoddam malum praeceps ac lubricum. Nam illi regi, ut eum potissimum nominem, tolerabili aut, si

---

status h. Verfassung – **et ut**: erg. zu *et ita, ut* – **nullis interiectis iniquitatibus**: Abl. abs. m. kondiz. Sinn; *interici* h. eintreten – **non incerto statu** in einigermaßen sicherem Zustand

43 **expers** (*ex, pars*): ohne Anteil – **cum habet** (*cum explic.*): dadurch, dass – **si** ~ *etiamsi* – **Perses** ~ *Persa* – **expetere** erstreben – **nutus, -us** das Nicken, der (herrische) Befehl – **Massilienses** die Einwohner von *Massilia* (Marseille) – **populi scitis**: *sciscere* (*scivi, scitum*) beschließen

44 **hoc** h. ~ *id* – **singula** (prädikativ): als einzelne – **iter . . . praeceps ac lúbricum** ein abschüssiger und schlüpfriger Übergang

vultis, etiam amabili, Cyro, subest ad immutandi animi licentiam crudelissimus ille Phalaris, cuius in similitudinem dominatus unius proclivi cursu et facile delabitur. Illi autem Massiliensium paucorum et principum administrationi civitatis finitimus est, qui fuit quodam tempore apud Athenienses triginta ⟨virorum⟩ consensus et factio. Iam Atheniensium populi potestatem omnium rerum ipsi, ne alios requiramus, ad furorem multitudinis licentiamque conversam pesti⟨feram fuisse omnes scimus.⟩

In der folgenden Lücke scheint davon die Rede gewesen zu sein, dass bei fehlender *disciplina* sich *ex nimia licentia* ein Tyrann ans Ruder bringen könne. Werde diese Fehlform des Staates beseitigt, so entstünden daraus ...

45 ... ex hac vel optimatium vel factiosa tyrannica illa vel regia vel etiam persaepe popularis, itemque ex ea genus aliquod efflorescere ex illis, quae ante dixi, solet, mirique sunt orbes et quasi circuitus in rebus publicis commutationum et vicissitudinum; quos cum cognosse sapientis est, tum vero prospicere impendentes in gubernanda re publica moderantem cursum atque in sua potestate retinentem magni cuiusdam civis et divini paene est viri. Itaque quartum quoddam genus rei publicae maxime probandum esse sentio, quod est ex his, quae prima dixi, moderatum et permixtum tribus.

46 Hic Laelius: „Scio tibi ita placere, Africane; saepe enim ex te audivi; sed tamen, nisi molestum est, ex tribus istis modis rerum publicarum velim scire quod optimum iudices ...“

Scipio scheint in der folgenden Lücke vorgeschlagen zu haben, erst einmal die Verfechter der drei ungemischten Verfassungsformen ihre Argumente vortragen zu lassen; er spricht zunächst im Namen der Demokraten.

47 Scipio: „... talis est quaeque res publica, qualis eius aut natura aut voluntas, qui illam regit. Itaque nulla alia in civitate, nisi in qua populi potestas summa est, ullum domicilium libertas habet; qua quidem

---

subesse dicht daneben sein – **ad** h. angesichts – **proclivis** abschüssig – **finitimus est**: erg. aus dem folgenden *consensus* – **consensus et factio**: Hendiadyoin; *factio* Partei, Clique – **ipsi** ~ *populo Atheniensium*

45 **ex hac ⟨potentia⟩** aus der beseitigten Tyrannenherrschaft – **orbes et quasi circuitus** periodische Abläufe – **vicissitudo** Wechsel – **impendentes**: prädikativ zu *quos* – **moderantem ... atque ... retinentem**: prädikative Partizipien zu *prospicere*; als Beziehungswort ist *civem* oder *virum* zu denken; Objekt für beide Partizipien ist *cursum*. – **prima**: prädikativ – **moderatus et permixtus** gleichmäßig gemischt

47 **quaeque** ~ *unaquaeque* – **natura** h. Wesen, Charakter

certe nihil potest esse dulcius, et quae, si aequa non est, ne libertas quidem est. Qui autem aequa potest esse, omitto dicere in regno, ubi ne obscura quidem est aut dubia servitus, sed in istis civitatibus, in quibus verbo sunt liberi omnes? Ferunt enim suffragia, mandant imperia, magistratus, ambiuntur, rogantur, sed ea dant, quae, etiamsi nolint, danda sint, et quae ipsi non habent, unde alii petunt; sunt enim expertes imperii, consilii publici, iudicii delectorum iudicum, quae familiarum vetustatibus aut pecuniis ponderantur. In libero autem populo, ut Rhodi, ut Athenis, nemo est civium, qui . . .

Es gebe, führt Scipio weiter im Namen der Demokraten aus, eine echte Volksherrschaft wie in Rhodos und Athen, wo jeder Bürger jedes Amt erreichen könne. Eine Pseudo-Demokratie aber entstehe, wenn . . .

48 . . ⟨in po⟩pulo aliquis unus pluresve divitiores opulentioresque exstitissent, tum ex eorum fastidio et superbia nata esse commemorant cedentibus ignavis et imbecillis et arrogantiae divitum succumbentibus. Si vero ius suum populi teneant, negant quicquam esse praestantius, liberius, beatius, quippe qui domini sint legum, iudiciorum, belli, pacis, foederum, capitis unius cuiusque, pecuniae. Hanc unam rite rem publicam, id est rem populi, appellari putant. Itaque et a regum et a patrum dominatione solere in libertatem rem populi vindicari, non ex liberis populis reges requiri aut potestatem atque opes optimatium.

49 Et vero negant oportere indomiti populi vitio genus hoc totum liberi populi repudiari; concordi populo et omnia referente ad incolumitatem et ad libertatem suam nihil esse immutabilius, nihil firmius; facillimam autem in ea re publica esse concordiam, in qua idem conducat omnibus; ex utilitatis varietatibus, cum aliis aliud expediat,

---

verbo nur dem Namen nach – **ferunt enim suffragia** sie geben nämlich ihre Stimme ab – **ambire** h. um Stimmen werben; die Form ist reflexiv zu übersetzen. – **quae ipsi non habent, unde alii petunt**: *ipsi* und *unde* (~ *a quibus*) bezeichnen das Volk, *alii* sind die Bewerber. – **ponderare** (m. Abl. lim.): abwägen, zumessen je nach . . .

48 **fastidium et superbia** (Hendiadyoin; *fastidium* aus *fastus, taedium*): ekelhafter Hochmut (~ *arrogantia*) – **nata esse**: Neutr. Pl.; erg. etwa: solche Zustände – **commemorant**: nämlich die Demokraten – **quippe qui** da sie ja – **rite** gebührend, rechtmäßig – **in libertatem . . . vindicari** sich befreien – **requirere** wieder aufsuchen, zurückfordern, vermissen

49 **indomiti populi vitio** (Abl. causae): *indomitus* zügellos, hemmungslos; *vitium* h. Fehlverhalten, Schuld – **concordi populo et omnia referente**: Abl. comparat., abhängig von *immutabilius* und *firmius; referre ad* beziehen auf – **conducit** es nützt – **expedit** ~ *conducit*

nasci discordias; itaque, cum patres rerum potirentur, numquam constitisse civitatis statum; multo iam id in regnis minus, quorum, ut ait Ennius, „nulla regni sancta societas nec fides est“. Quare cum lex sit civilis societatis vinculum, ius autem legis aequale, quo iure societas civium teneri potest, cum par non sit condicio civium? Si enim pecunias aequari non placet, si ingenia omnium paria esse non possunt, iura certe paria debent esse eorum inter se, qui sunt cives in eadem re publica. Quid est enim civitas nisi iuris societas civium? . . .

Was Scipio den Vertretern der Monarchie in den Mund legt, ist fast vollständig verloren. Die Aristokraten lässt er ziemlich zu Beginn ihrer Rede die Warnung vor einer falschen, weil dem Zufall unterworfenen Auswahl der Regierenden aussprechen.

51 . . . si fortuito id faciet, tam cito evertetur quam navis, si e vectoribus sorte ductus ad gubernacula accesserit. Quodsi liber populus deliget, quibus se committat, deligetque, si modo salvus esse vult, optimum quemque, certe in optimorum consiliis posita est civitatum salus, praesertim cum hoc natura tulerit, non solum ut summi virtute et animo praeessent imbecillioribus, sed ut hi etiam parere summis velint. Verum hunc optimum statum pravis hominum opinionibus eversum esse dicunt, qui ignoratione virtutis, quae cum in paucis est, tum a paucis iudicatur et cernitur, opulentos homines et copiosos, tum genere nobili natos esse optimos putant. Hoc errore vulgi cum rem publicam opes paucorum, non virtutes tenere coeperunt, nomen illi principes optimatium mordicus tenent, re autem carent eo nomine; nam divitiae, nomen, opes, vacuae consilio et vivendi atque aliis imperandi modo, dedecoris plenae sunt et insolentis superbiae, nec ulla deformior species est civitatis quam illa, in qua opulentissimi

---

constitisse . . . statum (pleonastisch): der Zustand stehe fest – **regni**: entbehrlich, weil Wiederaufnahme von *in regnis . . ., quorum* – **ius . . . legis** das Recht vor dem Gesetz – **condicio** h. Rechtslage

51 **fortuito** zufällig, planlos – **faciet**: erg. als Subj. *populus* – **evertetur**: erg. als Subj. *res publica* – **vector** Passagier – **sorte ducere alqm** jemanden auslosen – **quodsi** wenn also – **natura fert** die Natur richtet es (so) ein – **summi** ~ *optimi*; hierher die Abl. lim. *virtute et animo* – **verum** (Adv.): aber – **copiosus**: Synonym zu *opulentus* (*cōpia* < *co-opia*) – **tum** dann wieder – **opes paucorum** ~ griech. *oligarchía* – **nomen**: hierher *optimatium* – **mordicus** (Adv.): verbissen – **opes vacuae**: dazu *consilio* (Einsicht) *et modo* (Maß) *vivendi atque aliis imperandi* – **deformis** hässlich

52 optimi putantur. Virtute vero gubernante rem publicam quid potest esse praeclarius? cum is, qui imperat aliis, servit ipse nulli cupiditati, cum, quas ad res cives instituit et vocat, eas omnes complexus est ipse, nec leges imponit populo, quibus ipse non pareat, sed suam vitam ut legem praefert suis civibus. Qui si unus satis omnia consequi posset, nihil opus esset pluribus; si universi videre optimum et in eo consentire possent, nemo delectos principes quaereret. Difficultas ineundi consilii rem a rege ad plures, error et temeritas populorum a multitudine ad paucos transtulit. Sic inter infirmitatem unius temeritatemque multorum medium optimates possederunt locum, quo nihil potest esse moderatius; quibus rem publicam tuentibus beatissimos esse populos necesse est, vacuos omni cura et cogitatione, aliis permisso otio suo, quibus id tuendum est neque committendum, ut sua com-
53 moda populus neglegi a principibus putet. Nam aequabilitas quidem iuris, quam amplexantur liberi populi, neque servari potest (ipsi enim populi, quamvis soluti effrenatique sint, praecipue multis multa tribuunt, et est in ipsis magnus dilectus hominum et dignitatum), eaque, quae appellatur aequabilitas, iniquissima est. Cum enim par habetur honos summis et infimis, qui sint in omni populo necesse est, ipsa aequitas iniquissima est; quod in iis civitatibus, quae ab optimis reguntur, accidere non potest. Haec fere, Laeli, et quaedam eiusdem generis ab iis, qui eam formam rei publicae maxime laudant, disputari solent."

54 Tum Laelius: „Quid tu", inquit, „Scipio? E tribus istis quod maxime probas?"

Scipio: „Recte quaeris, quod maxime e tribus, quoniam eorum nullum ipsum per se separatim probo anteponoque singulis illud, quod conflatum fuerit ex omnibus. Sed si unum ac simplex p⟨ro⟩bandum ⟨sit⟩, regium ⟨pro⟩bem ..."

---

52 **instituere alqm ad alqd** jemanden auf etwas vorbereiten – **praeferre** h. vor Augen stellen – **unus** h. ~ *solus* – **optimum**: Neutrum – **rem**: erg. *publicam* – **temeritas** h. Unbesonnenheit – **quo**: ~ *medio loco* – **permisso** h. ~ *commisso* – **committere** h. absolut: es so weit kommen lassen, dass

53 **amplexari** (Intensivum zu *amplecti*): leidenschaftlich umarmen, großen Wert auf etwas legen – **neque**: Dem *neque* entspricht *eaque*. – **effrenatus** (*ex, frenum* Zügel): zügellos – **praecipue tribuere** bevorzugt zugestehen – **dilectus, -us** Auswahl – **summus**: wie in § 51

54 **quod**: erg. *genus* (so auch im Folgenden) – **quod maxime e tribus**: erg. *probem* – **conflare** verschmelzen, vermischen

65 Et Scipio: „Est omnino, cum de illo genere rei publicae, quod maxime probo, quae sentio, dixero, accuratius mihi dicendum de commutationibus rerum publicarum, etsi minime facile eas in ea re publica futuras puto. Sed huius regiae prima et certissima est illa mutatio: Cum rex iniustus esse coepit, perit illud ilico genus, et est idem ille tyrannus, deterrimum genus et finitimum optimo; quem si optimates oppresserunt, quod ferme evenit, habet statum res publica de tribus secundarium; est enim quasi regium, id est patrium consilium populo bene consulentium principum. Sin per se populus interfecit aut eiecit tyrannum, est moderatior, quoad sentit et sapit, et sua re gesta laetatur tuerique vult per se constitutam rem publicam. Sin quando aut regi iusto vim populus attulit regnove eum spoliavit aut etiam, id quod evenit saepius, optimatium sanguinem gustavit ac totam rem publicam substravit libidini suae (cave putes autem mare ullum aut flammam esse tantam, quam non facilius sit sedare quam effrenatam insolentia multitudinem), tum fit illud, quod apud Platonem est luculente dictum, si modo id exprimere Latine potuero; difficile factu
66 est, sed conabor tamen. ‚Cum enim', inquit, ‚inexplebiles populi fauces exaruerunt libertatis siti malisque usus ille ministris non modice temperatam, sed nimis meracam libertatem sitiens hausit, tum magistratus et principes, nisi valde lenes et remissi sint et large sibi libertatem ministrent, insequitur, insimulat, arguit, praepotentes, reges, tyrannos vocat.' Puto enim tibi haec esse nota." Laelius: „Vero mihi", inquit ille, „notissima."

---

65 **accuratius** eingehender, genauer – **regiae**: erg. *rei publicae* – **ilico** (~ *in loco*): auf der Stelle – **deterrimum genus**: stilistisch harte Apposition zu *tyrannus* – **ferme** (eig. *ferime*, Sup. zu *fere*) ~ *fere* in der Regel – **secundarius** ~ *secundus* (der Reihenfolge wie dem Rang nach) – **consilium** h. Staatsrat, Regierung – **per se** aus eigener Kraft – **moderatior** einschränkender Komp. (ziemlich, einigermaßen) – **quoad sentit et sapit** (Hendiadyoin m. Alliteration): soweit es (das Volk) ... – **sin quando**: Gegensatz zum vorhergehenden *sin per se* – **aut etiam**: steigernd wiederzugeben – **gustare** kosten, schmecken, „lecken" – **substernere** unterbreiten, unterwerfen, preisgeben – **cave putes** (~ *cave, ne putes*): Umschreibung des verneinten Imperativs – **effrenatus**: vgl. § 53 – **insolentia** (zu *solēre*): Übermut, Maßlosigkeit – **luculente** (zu *lux*): lichtvoll, klar, treffend

66 **exarescere** (zu *aridus* trocken): austrocknen, ausdörren – **ille**: erg. *populus* – **minister** h. Mundschenk – **temperatus** richtig gemischt – **meracus** ~ *merus* unvermischt, rein – **remissus** (zu *remittere* lockerlassen): nachgiebig – **sibi** ~ *populo* – **insimulare** verdächtigen, verleumden – **praepotens** machthungrig

67 Scipio: „Ergo illa sequuntur: ‚eos, qui pareant principibus, agitari ab eo populo et servos voluntarios appellari; eos autem, qui in magistratu privatorum similes esse velint, eosque privatos, qui efficiant, ne quid inter privatum et magistratum differat, ferunt laudibus et mactant honoribus, ut necesse sit in eius modi re publica plena libertatis esse omnia, ut et privata domus omnis vacet dominatione et hoc malum usque ad bestias perveniat, denique ut pater filium metuat, filius patrem neglegat, absit omnis pudor, ut plane liberi sint, nihil intersit, civis sit an peregrinus, magister ut discipulos metuat et iis blandiatur spernantque discipuli magistros, adulescentes ut senum sibi pondus assumant, senes autem ad ludum adulescentium descendant, ne sint iis odiosi et graves; ex quo fit, ut etiam servi se liberius gerant, uxores eodem iure sint, quo viri, inque tanta libertate canes etiam et equi, aselli denique liberi sic incurrant, ut iis de via decedendum sit. Ergo ex hac infinita', inquit, ‚licentia haec summa cogitur, ut ita fastidiosae mollesque mentes evadant civium, ut, si minima vis adhibeatur imperii, irascantur et perferre nequeant; ex quo leges quoque incipiunt neglegere, ut plane sine ullo domino sint.'"

68 Tum Laelius: „Prorsus", inquit, „expressa sunt a te, quae dicta sunt ab illo."

Scipio: „Atque, ut iam ad sermonis mei auctorem revertar, ex hac nimia licentia, quam illi solam libertatem putant, ait ille ut ex stirpe quadam exsistere et quasi nasci tyrannum. Nam ut ex nimia potentia principum oritur interitus principum, sic hunc nimis liberum populum

---

67 **eos, qui pareant**: Die Fortsetzung des Platonzitats beginnt indirekt und geht nach *appellari* in direkte Rede über. – **agitare** hetzen, verfolgen – **voluntarius** freiwillig – **similis**: h. m. Gen. – **ferunt laudibus** ~ *efferunt laudibus* – **mactare** verherrlichen, auszeichnen, beschenken – **ut plane liberi sint**: Alle vorhergehenden und nachfolgenden ut-Sätze sind konsekutiv aufzufassen, dieser einzige final (Vergleich mit Platons Text!); er hängt also von *absit omnis pudor* ab. – **peregrinus** (*per, ager*): ausländisch, fremd (hier subst.) – **sibi pondus alcis assumere** sich jemands Bedeutung anmaßen – **gravis** h. lästig – **incurrere** daherlaufen – **haec summa cogitur** folgende Summe wird gezogen, Folgendes ergibt sich – **fastidiosus** verwöhnt – **mollis** verweichlicht – **evadant** ~ *fiant* – **nequire** (Verbum defectivum): nicht können (*nequeant*: 3. Pers. Pl. Konj. Praes.)

68 **prorsus** ganz und gar – **ab illo**: erg. *Platone* – **sermo** h. Darlegung – **stirps, -pis** Wurzel(stock), Stamm

libertas ipsa servitute afficit. Sic omnia nimia, cum vel in tempestate vel in agris vel in corporibus laetiora fuerunt, in contraria fere convertuntur, maximeque id in rebus publicis evenit, nimiaque illa libertas et populis et privatis in nimiam servitutem cadit. Itaque ex hac maxima libertate tyrannus gignitur et illa iniustissima et durissima servitus. Ex hoc enim populo indomito vel potius immani deligitur aliqui plerumque dux contra illos principes afflictos iam et depulsos loco audax, impurus, consectans proterve bene saepe de re publica meritos, populo gratificans et aliena et sua; cui quia privato sunt oppositi timores, dantur imperia et ea continuantur, praesidiis etiam, ut Athenis Pisistratus, saepiuntur, postremo, a quibus producti sunt, exsistunt eorum ipsorum tyranni; quos si boni oppresserunt, ut saepe fit, recreatur civitas; sin audaces, fit illa factio, genus aliud tyrannorum, eademque oritur etiam ex illo saepe optimatium praeclaro statu, cum ipsos principes aliqua pravitas de via deflexit. Sic tamquam pilam rapiunt inter se rei publicae statum tyranni ab regibus, ab iis autem principes aut populi, a quibus aut factiones aut tyranni, nec diutius umquam tenetur idem rei publicae modus.

69 Quod ita cum sit, ex tribus primis generibus longe praestat mea sententia regium, regio autem ipsi praestabit id, quod erit aequatum et temperatum ex tribus primis rerum publicarum modis. Placet enim esse quiddam in re publica praestans et regale, esse aliud auctoritati principum impartitum ac tributum, esse quasdam res servatas iudicio

---

cum ... laetiora fuerunt immer wenn sie (*omnia nimia*) ... zu üppig geworden sind – **tempestas** h. Wetter – **cadere** h. umschlagen – **immanis** roh, unmenschlich – **afflictus** geschwächt, „angeschlagen" – **depulsos loco**: Abl. separat.; *locus* h. Stellung – **impurus** gemein, verworfen, lasterhaft – **consectari**: Intensivum zu *consequi* – **protervus** frech, dreist, unverschämt, rücksichtslos – **bene**: zu *meritos* – **gratificari** sich gefällig erweisen, bereitwillig opfern – **cui ... privato**: rel. Anschl.; *privato* lässt sich temporal (solange), kausal (da ja) oder konditional (wenn) auflösen. – **continuare** verlängern – **praesidium** h. Leibwache – **saepire** umzäunen, umgeben, schützen – **producere** h. hervor-, an die Macht bringen (vgl. unser „großziehen") – **factio** Parteiherrschaft – **pravitas** Verkehrtheit, Schlechtigkeit – **pila** Ball, „Spielball" – **ab iis**: nämlich den Tyrannen – **modus** ~ *status*

69 **aequatus** gleichmäßig verteilt, ausgewogen – **temperatus**: vgl. § 66 – **placet**: erg. *mihi* – **quiddam ... praestans et regale** etwas Voranstehendes und Königliches, also: eine Art königlicher Führung – **impartire** (auch *impertire*; zu *pars*): zuteilen – **servatas** h. ~ *reservatas*

voluntatique multitudinis. Haec constitutio primum habet aequabilitatem quandam magnam, qua carere diutius vix possunt liberi, deinde firmitudinem, quod et illa prima facile in contraria vitia convertuntur, ut exsistat ex rege dominus, ex optimatibus factio, ex populo turba et confusio, quodque ipsa genera generibus saepe commutantur novis; hoc in hac iuncta moderateque permixta constitutione rei publicae non ferme sine magnis principum vitiis evenit. Non est enim causa conversionis, ubi in suo quisque est gradu firmiter collocatus et non subest, quo praecipitet ac decidat.

1.4 Iustitia fundamentum regnorum (3.13–18; 23–24; 27–28; 33)

Das dritte Buch von Ciceros „Staat" ist einem Streitgespräch über die Gerechtigkeit gewidmet. Die Teilnehmer einigen sich darauf, dass L. Furius Philus als *advocatus diaboli* die Ungerechtigkeit verteidigen, Laelius den Wert der Gerechtigkeit zeigen und Scipio die Darstellung abschließen soll. Philus ist über seine undankbare Aufgabe nicht glücklich, erklärt sich aber bereit, um des hohen Gutes Gerechtigkeit willen die Gedanken des griechischen Philosophen Karneades zugunsten der Ungerechtigkeit vorzutragen.

13 Ius enim, de quo quaerimus, civile est aliquod, naturale nullum: nam si esset, ut calida et frigida et amara et dulcia, sic essent iusta et iniusta eadem omnibus.

14 Nunc autem, si quis illo Pacuviano „invehens alitum anguium curru" multas et varias gentes et urbes despicere et oculis collustrare possit, videat primum in illa incorrupta maxime gente Aegyptiorum, quae plurimorum saeculorum et eventorum memoriam litteris continet,

---

aequabilitas (Rechts-)Gleichheit – **illa prima**: erg. *genera rei publicae* – **vitia** h. die entarteten Staatsformen – **turba et confusio** (Hendiadyoin): wirre Pöbelherrschaft – **iunctus** zusammengesetzt – **non ferme** ~ *vix* (vgl. auch § 65) – **conversio** Umdrehung; Umsturz, Revolution – **non subest, quo ...**: es ist nichts (kein Abgrund) da, wohin ...

13 **ius ... civile est aliquod**: *civile* ist prädikativ zu übersetzen; es bedeutet nicht etwa unser „Zivilrecht" im Gegensatz zum Strafrecht, sondern dass das Recht „etwas Staatliches" sei.

14 **alitum anguium curru**: auf einem Drachenwagen (*ales, -itis* geflügelt; *anguis, -is* Schlange, Drachen) – **despicere** h. wörtlich: von oben herabschauen auf (m. Akk.) – **collustrare** erhellen, genau besichtigen, mustern – **si ... possit, videat**: potential

bovem quendam putari deum, quem Apim Aegyptii nominant, multaque alia portenta apud eosdem et cuiusque generis beluas numero consecratas deorum; deinde Graeciae, sicut apud nos, delubra magnifica humanis consecrata simulacris, quae Persae nefaria putaverunt; eamque unam ob causam Xerxes inflammari Atheniensium fana iussisse dicitur, quod deos, quorum domus esset omnis hic mundus,
15 inclusos parietibus contineri nefas esse duceret. Post autem cum Persis et Philippus, qui cogitavit, et Alexander, qui gessit, hanc bellandi causam inferebat, quod vellet Graeciae fana poenire: quae ne reficienda quidem Graii putaverunt, ut esset posteris ante os documentum Persarum sceleris sempiternum. Quam multi, ut Tauri in Axino, ut rex Aegypti Busiris, ut Galli, ut Poeni, homines immolare et pium et dis immortalibus gratissimum esse duxerunt! Vitae vero instituta sic distant, ut Cretes et Aetoli latrocinari honestum putent, Lacedaemonii suos omnes agros esse dictitarint, quos spiculo possent attingere. Athenienses iurare etiam publice solebant omnem suam esse terram, quae oleam frugesve ferret; Galli turpe esse ducunt frumentum manu quaerere, itaque armati alienos agros demetunt;
16 nos vero iustissimi homines, qui Transalpinas gentes oleam et vitem serere non sinimus, quo pluris sint nostra oliveta nostraeque vineae; quod cum faciamus, prudenter facere dicimur, iuste non dicimur, ut intellegatis discrepare ab aequitate sapientiam. Lycurgus autem, ille legum optimarum et aequissimi iuris inventor, agros locupletium plebi ut servitio colendos dedit.

---

portentum grauenhaftes Vorzeichen, Wunder; Missgeburt, Ungeheuer; Wundermärchen – **numero consecratas deorum** (pleonastisch): zu den Göttern erhoben – **delúbrum** (zu *deluere* abwaschen): Tempel – **fanum** (zu *fas* göttliches Gebot): Tempel – **duceret** ~ *putaret*

15 **cum Persis**: zu *bellandi* – **Philippus, qui cogitavit**: erg. *bellum gerere* – **causam inferre** einen Grund angeben, vorschützen – **poenire alqd** (ältere Form für *punire*): Rache nehmen f. etw. – **distare** h. sich unterscheiden – **latrocinari** Raubzüge unternehmen – **suos**: prädikativ – **dictitare** (Frequentativum zu *dicere*; *dictitarint* ~ *dictitaverint*): immer wieder behaupten – **spiculum** Lanze(nspitze) – **olea** Ölbaum – **ducunt** ~ *putant* – **demetere** abernten, abmähen

16 **iustissimi homines** (erg. *sumus*): ironisch gemeint – **vitis** Weinstock – **quo** ~ *ut eo* – **pluris**: Gen. pretii – **olivetum** Olivenhain – **vinea** Weinberg – **quod cum faciamus**: cum causale – **ut intellegatis**: ut consecutivum – **discrepare ab** sich unterscheiden von – **ut servitio** wie einem Sklavenvolk

17 Genera vero si velim iuris, institutorum, morum consuetudinumque describere, non modo in tot gentibus varia, sed in una urbe, vel in hac ipsa, milliens mutata demonstrem, ut hic iuris noster interpres alia nunc Manilius iura dicat esse de mulierum legatis et hereditatibus, alia solitus sit adulescens dicere nondum Voconia lege lata; quae quidem ipsa lex utilitatis virorum gratia rogata in mulieres plena est iniuriae. Cur enim pecuniam non habeat mulier? Cur virgini Vestali sit heres, non sit matri suae? Cur autem, si pecuniae modus statuendus fuit feminis, P. Crassi filia posset habere, si unica patri esset, aeris milliens salva lege, mea triciens non posset ...

18 ... ⟨Si natura⟩ sanxisset iura nobis, et omnes isdem et iidem non alias aliis uterentur. Quaero autem, si iusti hominis et si boni est viri parere legibus, quibus? An quaecumque erunt? At nec inconstantiam virtus recipit, nec varietatem natura patitur, legesque poena, non iustitia nostra comprobantur; nihil habet igitur naturale ius; ex quo illud efficitur ne iustos quidem esse natura. An vero in legibus varietatem esse dicunt, natura autem viros bonos eam iustitiam sequi, quae sit, non eam, quae putetur? Esse enim hoc boni viri et iusti, tribuere id cuique, quod sit quoque dignum.

---

17 **vel** sogar, gerade – **milliens** tausendmal, unendlich oft – **ut ... dicat ... solitus sit**: *ut* wie; die Konjunktive sind potential. – **legatum** Vermächtnis – **hereditas**: bezeichnet sowohl abstrakt das Erben wie konkret das Erbe. – **legem rogare** ein Gesetz beantragen – **in mulieres** gegen die Frauen – **cur ... non habeat? cur ... sit heres ...**: Deliberativ – **virgini Vestali ... matri suae**: Dat. poss.; als Subjekt ergänzt man *mulier, heres* ist Prädikatsnomen. – **modus** h. Maß, Grenze – **aeris milliens ... triciens**: Ein Multiplikativum zusammen mit *aeris* gibt in abgekürzter Ausdrucksweise die Zahl der hunderttausend As an; ausführlich also: *milliens centena milia aeris* und *triciens centena milia aeris*. – **salva lege** unter Einhaltung des Gesetzes – **non posset**: erg. *habere*

18 **sancire** heiligen, festsetzen – **alias** zu anderer Zeit, ein andermal – **an quaecumque erunt** ~ *an omnibus legibus vir bonus parebit, quaecumque erunt?* – **inconstantia** Unbeständigkeit, Inkonsequenz, Charakterlosigkeit – **recipit** h. gestattet etwas, verträgt sich mit etwas – **poenā, non iustitiā nostrā comprobantur**: Mit *iustitia nostra* ist ein Gerechtigkeitssinn gemeint, der uns innewohnt (*nostra!*); *comprobari* anerkannt werden, gelten – **naturale**: zu *nihil* – **ex quo ... efficitur**: drückt die gedankliche Folgerung aus. – **ne ... quidem** h. auch nicht – **esse**: Vollverbum – **an vero** oder wirklich (zur Einleitung einer rhetor. Frage) – **quae sit**: *esse* h. Vollverbum – **tribuere**: erklärt das vorangehende *hoc*.

23 ... Sunt enim omnes, qui in populum vitae necisque potestatem habent, tyranni, sed se Iovis optimi nomine malunt reges vocari. Cum autem certi propter divitias aut genus aut aliquas opes rem publicam tenent, est factio, sed vocantur illi optimates. Si vero populus plurimum potest omniaque eius arbitrio reguntur, dicitur illa libertas, est vero licentia. Sed cum alius alium timet, et homo hominem et ordo ordinem, tum, quia sibi nemo confidit, quasi pactio fit inter populum et potentes; ex quo exsistit id, quod Scipio laudabat, coniunctum civitatis genus; etenim iustitiae non natura nec voluntas, sed imbecillitas mater est. Nam cum de tribus unum est optandum, aut facere iniuriam nec accipere, aut et facere et accipere, aut neutrum, optimum est facere, impune si possis, secundum nec facere nec pati, miserrimum digladiari semper tum faciendis, tum accipiendis iniuriis ...

24 ... Omni⟨que pac⟩to te sapientia iubet augere opes, amplificare divitias, proferre fines (unde enim esset illa laus in summorum imperatorum incisa monumentis: FINES IMPERII PROPAGAVIT, nisi aliquid de alieno accessisset?), imperare quam plurimis, frui voluptatibus, pollere, regnare, dominari; iustitia autem praecipit parcere omnibus, consulere generi hominum, suum cuique reddere, sacra, publica, aliena non tangere. Quid igitur efficitur, si sapientiae pareas? Divitiae, potestates, opes, honores, imperia, regna vel privatis vel populis. Sed quoniam de re publica loquimur, sunt illustriora, quae publice fiunt, quoniamque eadem est ratio iuris in utroque, de

---

23 **vitae necisque**: Gen. obi. zu *potestatem* – **factio** Partei, Clique – **arbitrium** Macht- oder Schiedsspruch, Gutdünken, unbeschränkte Macht – **pactio** Übereinkommen, Vertrag, Vergleich – **coniunctum civitatis genus**: entspricht dem *aequatum et temperatum ex tribus optimis rerum publicarum modis* in Buch 1.69. – **etenim** h. ~ *enim* – **voluntas** freier Wille (ähnlich Buch 1.69) – **imbecillitas** (Gefühl der) Schwäche, Unzulänglichkeit (vgl. Buch 1.39) – **digladiari** sich herumschlagen, „bis aufs Messer kämpfen“ (*gladius!*)

24 **omni pacto** auf jede Art – **proferre** weitertragen, vorschieben, erweitern – **incīdere** (zu *caedere*): einmeißeln – **propagare** ~ *proferre* – **alienum** (auch Pl.): fremdes Eigentum – **pollēre** stark sein, mächtig sein, Einfluss haben – **reddere** ~ *tribuere* (vgl. Buch 3.18 am Ende) – **divitiae ... vel privatis vel populis**: erg. *efficiuntur* – **illustris** hell, einleuchtend, klar, anschaulich – **ratio iuris** Rechtslage, Rechtsstellung – **in utroque** ~ *in privatis et populis*

populi sapientia dicendum puto. Et ⟨ut⟩ iam omittam alios, noster hic populus, quem Africanus hesterno sermone a stirpe repetivit, cuius imperio iam orbis terrae tenetur, iustitia an sapientia est e minimo omnium ⟨maximus factus?⟩ ...

27 Quaero: si duo sint, quorum alter optimus vir, aequissimus, summa iustitia, singulari fide, alter insigni scelere et audacia, et si in eo sit errore civitas, ut bonum illum virum sceleratum, facinorosum, nefarium putet, contra autem, qui sit improbissimus, existimet esse summa probitate ac fide, proque hac opinione omnium civium bonus ille vir vexetur, rapiatur, manus ei denique auferantur, effodiantur oculi, damnetur, vinciatur, uratur, exterminetur, egeat, postremo iure etiam optimo omnibus miserrimus esse videatur, contra autem ille improbus laudetur, colatur, ab omnibus diligatur, omnes ad eum honores, omnia imperia, omnes opes, omnes undique copiae conferantur, vir denique optimus omnium existimatione et dignissimus omni fortuna optima iudicetur: quis tandem erit tam demens, qui dubitet, utrum se esse malit?

---

alios: erg. *populos* – **quem Africanus hesterno sermone a stirpe repetivit**: Das zweite Buch enthält eine Verfassungsgeschichte Roms; *quem* dessen Entwicklung; *hesternus* (zu *heri*) gestrig; *stirps, -pis* Wurzel(stock), Stamm; *repetere* (sich) ins Gedächtnis zurückrufen

27 Die ganze Periode wird eingeleitet durch „*Quaero*“: Die Frage selbst bildet den Schluss des Ganzen: *quis tandem erit ..., qui ...?* Dazwischen steht ein potenzialer Konditionalsatz, der folgendermaßen strukturiert ist:

si duo sint, quorum alter ..., alter ...,
et si in eo sit errore civitas, ut ... putet,
contra autem, ... existimet ...,
proque (~ et si pro) hac opinione ... bonus ille ...,
... contra autem ille improbus ...,
... vir denique optimus ...:

optimus vir: hier moralisch, nicht politisch gemeint – **insignis** erkennbar, auffallend – **scelus** h. Ruchlosigkeit – **rapere** an sich raffen, fortschleppen, vor Gericht (ins Gefängnis) schleppen, berauben – **manus ei ... auferantur** ihm die Hände abgehackt werden; überliefert ist *afferantur*: Hand an ihn gelegt wird. Da dies schon in *rapiatur* enthalten ist, glauben viele Herausgeber, *afferantur* in *auferantur* ändern zu müssen. – **exterminare** verbannen

28 Quod in singulis, idem est in populis: nulla est tam stulta civitas, quae non iniuste imperare malit quam servire iuste. Nec vero longius abibo. Consul ego quaesivi, cum vos mihi essetis in consilio, de Numantino foedere. Quis ignorabat Q. Pompeium fecisse foedus, eadem in causa esse Mancinum? Alter, vir optimus, etiam suasit rogationem me ex senatus consulto ferente, alter acerrime se defendit. Si pudor quaeritur, si probitas, si fides, Mancinus haec attulit, si ratio, consilium, prudentia, Pompeius antistat ...

Die Verteidigungsrede des Laelius für die Gerechtigkeit ist bis auf den Schluss verloren, doch lassen Zitate späterer Schriftsteller einiges vom Inhalt erkennen.

33 Est quidem vera lex recta ratio naturae congruens, diffusa in omnes, constans, sempiterna, quae vocet ad officium iubendo, vetando a fraude deterreat; quae tamen neque probos frustra iubet aut vetat nec improbos iubendo aut vetando movet. Huic legi nec obrogari fas est neque derogari aliquid ex hac licet neque tota abrogari potest, nec vero aut per senatum aut per populum solvi hac lege possumus, neque est quaerendus explanator aut interpres Sextus Aelius, nec erit alia lex Romae, alia Athenis, alia nunc, alia posthac, sed et omnes gentes et omni tempore una lex et sempiterna et immutabilis continebit, unusque erit communis quasi magister et imperator omnium deus: ille legis huius inventor, disceptator, lator; cui qui non parebit, ipse se fugiet ac naturam hominis aspernatus hoc ipso luet maximas poenas, etiamsi cetera supplicia, quae putantur, effugerit.

---

28 **quaerere de** anfragen wegen – **mihi**: Dat. ethicus – **rogationem ferre** einen Antrag stellen – **ex** h. auf Grund – **afferre** herbeibringen, zeigen, beweisen – **antistare** (oder *antestare*): überlegen sein, hervorragen

33 **quae vocet ad officium iubendo, vetando a fraude deterreat**: chiastisch gebauter konjunktivischer Relativsatz mit finalem Nebensinn – **legi obrogare** einem Gesetz einen Änderungsantrag (*ob-rogatio*) entgegenstellen, ein Gesetz ändern – **derogare alqd e lege** ein Gesetz teilweise abschaffen – **abrogare legem** ein Gesetz abschaffen – **explanator aut interpres** (Prädikatsnomina): als Erklärer oder Dolmetscher – **erit**: Alle weiteren Prädikate dieses Satzes stehen im Futur, um der Aussage Nachdruck zu verleihen. – **inventor, disceptator, lator**: *disceptator* Schiedsrichter; *lator* Antragsteller (vgl. *legem ferre*); die Begriffe erscheinen in seltsamer Reihenfolge. – **aspernari** h. nicht achten auf – **hoc ipso**: erg. *aspernando* – **poenas luere** bestraft werden – **supplicium** Flehen, Gebet, Opfer, harte Strafe, Todesstrafe

1.5 Das Problem der römischen Weltherrschaft (3.34–37)

34 Sed his poenis, quas etiam stultissimi sentiunt, egestate, exsilio, vinculis, verberibus, elabuntur saepe privati oblata mortis celeritate, civitatibus autem mors ipsa poena est, quae videtur a poena singulos vindicare; debet enim constituta sic esse civitas, ut aeterna sit. Itaque nullus interitus est rei publicae naturalis ut hominis, in quo mors non modo necessaria est, verum etiam optanda persaepe. Civitas autem cum tollitur, deletur, exstinguitur, simile est quodam modo, ut parva magnis conferamus, ac si omnis hic mundus intereat et concidat.

35 Illa iniusta bella sunt, quae sunt sine causa suscepta. Nam extra ulciscendi aut propulsandorum hostium causam bellum geri iustum nullum potest ... Nullum bellum iustum habetur nisi denuntiatum, nisi indictum, nisi de repetitis rebus.

Noster autem populus sociis defendendis terrarum iam omnium potitus est.

36 An non cernimus optimo cuique dominatum ab ipsa natura cum summa utilitate infirmorum datum? Cur igitur deus homini, animus imperat corpori, ratio libidini iracundiaeque et ceteris vitiosis eius-
37 dem animi partibus? ... Sed et imperandi et serviendi sunt dissimilitudines cognoscendae. Nam ut animus corpori dicitur imperare, dicitur etiam libidini, sed corpori ut rex civibus suis aut parens liberis, libidini autem ut servis dominus, quod eam coërcet et frangit, sic imperatorum, sic magistratuum, sic patrum, sic populorum imperia civibus sociisque praesunt ut corporibus animus, domini autem servos ita fatigant, ut optima pars animi, id est sapientia, eiusdem animi vitiosas

---

34 **oblata mortis celeritate** wörtlich: durch die entgegengetragene Schnelligkeit des Todes, also: durch die Möglichkeit eines raschen Todes – **quae**: erg. *mors* – **vindicare** beanspruchen, befreien, retten, rächen – **magnis** ~ *cum magnis* – **ac si** (m. Konj.): wie wenn

35 **denuntiare** ankündigen – **sociis defendendis**: Abl. instr.

36 **cum summa utilitate**: Das *cum* gibt die Folge oder Wirkung an, also: mit, zu. – **ratio libidini iracundiaeque**: erg. *imperat*

37 **fatigare** müde machen, abhetzen, mürbe machen, jemandem hart zusetzen – **ita fatigant, ut**: Nur dieses *ut* entspricht dem vorhergehenden *ita*, die folgenden drei falten den Begriff *partes* auseinander.

*Grundiv ersetzt das Gerund

imbecillasque partes, ut libidines, ut iracundias, ut perturbationes ceteras. (...) Est enim genus iniustae servitutis, cum ii sunt alterius, qui sui possunt esse ...

1.6 Der wahre Staatsmann (Somnium Scipionis 6.9–29)

9 Cum in Africam venissem M'. Manilio consuli ad quartam legionem tribunus, ut scitis, militum, nihil mihi fuit potius, quam ut Masinissam convenirem regem, familiae nostrae iustis de causis amicissimum. Ad quem ut veni, complexus me senex collacrimavit aliquantoque post suspexit ad caelum et: „Grates", inquit, „tibi ago, summe Sol, vobisque, reliqui Caelites, quod, antequam ex hac vita migro, conspicio in meo regno et his tectis P. Cornelium Scipionem, cuius ego nomine ipso recreor; ita[que] numquam ex animo meo discedit illius optimi atque invictissimi viri memoria." Deinde ego illum de suo regno, ille me de nostra re publica percontatus est, multisque verbis ultro citroque habitis ille nobis consumptus est dies.

10 Post autem apparatu regio accepti sermonem in multam noctem produximus, cum senex nihil nisi de Africano loqueretur omniaque eius non facta solum, sed etiam dicta meminisset. Deinde, ut cubitum discessimus, me et de via fessum, et qui ad multam noctem vigilassem, artior quam solebat somnus complexus est. Hic mihi – credo equidem ex hoc, quod eramus locuti; fit enim fere, ut cogitationes sermonesque nostri pariant aliquid in somno tale, quale de Homero scribit Ennius, de quo videlicet saepissime vigilans solebat cogitare et loqui – Africanus se ostendit ea forma, quae mihi ex imagine eius quam ex ipso erat notior; quem ubi agnovi, equidem cohorrui, sed ille: „Ades", inquit, „animo et omitte timorem, Scipio, et, quae dicam, trade memoriae.

---

perturbationes wörtlich: Verwirrungen, h. also: Affekte, Leidenschaften – **alterius ... sui**: Gen. possessoris

9 **M'. Manilio consuli ... tribunus ... militum** als Militärtribun bei Manius Manilius – **potius** h. wichtiger – **collacrimare** in Tränen ausbrechen – **aliquanto** (Abl. mens.): bedeutend – **suspicere** emporschauen – **grates**: feierlich für *gratias* – **Caelites** Himmelsgötter – **his tectis** in meinem Palast – **percontari** sich erkundigen nach – **ultro citroque** hin und her

10 **apparatus, -us** Pracht, Aufwand – **accipere** h. bewirten – **producere** h. ausdehnen – **cum** (explic.): wobei – **cubitum**: Supin I – **de via fessum, et qui ... vigilassem**: beide Aussagen kausal – **artus** eng, fest – **cohorrescere** (Perf. *cohorrui*): erschrecken – **ades ... animo** fasse Mut!

11 Videsne illam urbem, quae parere populo Romano coacta per me renovat pristina bella nec potest quiescere?“ Ostendebat autem Carthaginem de excelso et pleno stellarum, illustri et claro quodam loco. „Ad quam tu oppugnandam nunc venis paene miles, hanc hoc biennio consul evertes, eritque cognomen id tibi per te partum, quod habes adhuc a nobis hereditarium. Cum autem Carthaginem deleveris, triumphum egeris censorque fueris et obieris legatus Aegyptum, Syriam, Asiam, Graeciam, deligere iterum consul absens bellumque maximum conficies, Numantiam exscindes. Sed cum eris curru in Capitolium invectus, offendes rem publicam consiliis perturbatam nepotis mei.

12 Hic tu, Africane, ostendas oportebit patriae lumen animi, ingenii consiliique tui. Sed eius temporis ancipitem video quasi fatorum viam. Nam cum aetas tua septenos octiens solis anfractus reditusque converterit, duoque hi numeri, quorum uterque plenus alter altera de causa habetur, circuitu naturali summam tibi fatalem confecerint, in te unum atque in tuum nomen se tota convertet civitas, te senatus, te omnes boni, te socii, te Latini intuebuntur, tu eris unus, in quo nitatur civitatis salus, ac, ne multa, dictator rem publicam constituas oportet, si impias propinquorum manus effugeris.“

Hic cum exclamasset Laelius ingemuissentque vehementius ceteri, leniter arridens Scipio: „St! quaeso“, inquit, „ne me e somno excitetis, et parumper audite cetera.“

13 „Sed quo sis, Africane, alacrior ad tutandam rem publicam, sic habeto: omnibus, qui patriam conservaverint, adiuverint, auxerint, certum esse in caelo definitum locum, ubi beati aevo sempiterno

---

11 **per me**: zu *coacta* – **excelsus** erhaben, hoch – **illustris** licht – **quidam** h. steigernd: ganz, sehr – **paene** h. fast nur – **hoc biennio** innerhalb von zwei Jahren – **hereditarius** ererbt – **deligēre** ~ *deligēris* – **exscindere** zerstören – **curru** h. auf dem Triumphwagen – **offendere** antreffen

12 **eius temporis** für diese Zeit – **solis anfractus reditusque** Jahresbahnen der Sonne – **circuitus, -us** Kreislauf – **summam . . . fatalem** die schicksalhafte Zahl (an Jahren) – **se convertere in alqm** sich an jemanden wenden – **ne multa** (erg. *dicam*): kurz gesagt – **exclamare** aufschreien – **ingemiscere** (Perf. *ingemui*): aufseufzen – **arridēre** zulächeln – **parumper** ein Weilchen

13 **quo** ~ *ut eo* – **alacer, -cris, -cre** bereitwillig, entschlossen – **sic habeto** du sollst Folgendes wissen – **definitus** bestimmt – **aevo** ~ *aetate*

fruantur; nihil est enim illi principi deo, qui omnem mundum regit, quod quidem in terris fiat, acceptius quam concilia coetusque hominum iure sociati, quae civitates appellantur; harum rectores et conservatores hinc profecti huc revertuntur."

14 Hic ego, etsi eram perterritus non tam mortis metu quam insidiarum a meis, quaesivi tamen, viveretne ipse et Paullus pater et alii, quos nos exstinctos esse arbitraremur. „Immo vero", inquit, „hi vivunt, qui e corporum vinculis tamquam e carcere evolaverunt, vestra vero, quae dicitur, vita mors est. Quin tu aspicis ad te venientem Paullum patrem?" Quem ut vidi, equidem vim lacrimarum profudi, ille autem me complexus atque osculans flere prohibebat.

15 Atque ego ut primum fletu represso loqui posse coepi: „Quaeso", inquam, „pater sanctissime atque optime, quoniam haec est vita, ut Africanum audio dicere, quid moror in terris? Quin huc ad vos venire propero?"

„Non est ita", inquit ille. „Nisi enim deus is, cuius hoc templum est omne, quod conspicis, istis te corporis custodiis liberaverit, huc tibi aditus patere non potest. Homines enim sunt hac lege generati, qui tuerentur illum globum, quem in hoc templo medium vides, quae terra dicitur, iisque animus datus est ex illis sempiternis ignibus, quae sidera et stellas vocatis; quae globosae et rotundae, divinis animatae mentibus, circos suos orbesque conficiunt celeritate mirabili. Quare et tibi, Publi, et piis omnibus retinendus animus est in custodia corporis nec iniussu eius, a quo ille est vobis datus, ex hominum vita migrandum est, ne munus humanum assignatum a deo defugisse

illuc = dorthin

16 videamini. Sed sic, Scipio, ut avus hic tuus, ut ego, qui te genui, iustitiam cole et pietatem, quae cum magna in parentibus et propinquis, tum in patria maxima est; ea vita via est in caelum et in hunc coetum eorum, qui iam vixerunt et corpore laxati illum incolunt

---

quod quidem (m. Konj., schränkt *nihil* ein): wenigstens von dem, was – **acceptus** angenehm, willkommen

14 **a meis** ~ *meorum* – **immo vero** im Gegenteil – **quin** warum denn nicht? – **vim** ~ *copiam* – **prohibebat**: Impf. de conatu

15 **sanctus** h. ehrwürdig – **quin** (vgl. § 14): warum nicht? – **non est ita** ~ *non est fas* – **templum** h. in der Grundbedeutung: abgegrenzter Raum, heiliger Bezirk – **hac lege ..., qui** zu der Bestimmung, dass sie (konj. Relativsatz m. konsek. Nebensinn) – **globosus** kugelförmig – **animare** beleben, beseelen – **circos ... orbesque** (Hendiadyoin): Kreisläufe – **assignare** zuweisen – **defugere** (m. Akk.): sich entziehen

16 **cum ... tum** sowohl ... als auch besonders – **magnus** h. wichtig – **laxare** erleichtern, befreien

locum, quem vides" – erat autem is splendidissimo candore inter flammas circus elucens –, „quem vos, ut a Graiis accepistis, orbem lacteum nuncupatis."

Ex quo omnia mihi contemplanti praeclara cetera et mirabilia videbantur. Erant autem eae stellae, quas numquam ex hoc loco vidimus, et eae magnitudines omnium, quas esse numquam suspicati sumus; ex quibus erat ea minima, quae ultima a caelo, citima ⟨a⟩ terris luce lucebat aliena. Stellarum autem globi terrae magnitudinem facile vincebant. Iam ipsa terra ita mihi parva visa est, ut me imperii nostri, quo quasi punctum eius attingimus, paeniteret.

17 Quam cum magis intuerer: „Quaeso", inquit Africanus, „quousque humi defixa tua mens erit? Nonne aspicis, quae in templa veneris? Novem tibi orbibus vel potius globis conexa sunt omnia, quorum unus est caelestis, extimus, qui reliquos omnes complectitur, summus ipse deus arcens et continens ceteros; in quo sunt infixi illi, qui volvuntur, stellarum cursus sempiterni; cui subiecti sunt septem, qui versantur retro contrario motu atque caelum; ex quibus summum globum possidet illa, quam in terris Saturniam nominant. Deinde est hominum generi prosperus et salutaris ille fulgor, qui dicitur Iovis; tum rutilus horribilisque terris, quem Martium dicitis; deinde subter mediam fere regionem Sol obtinet, dux et princeps et moderator luminum reliquorum, mens mundi et temperatio, tanta magnitudine, ut cuncta sua luce lustret et compleat. Hunc ut comites consequuntur Veneris alter, alter Mercurii cursus, in infimoque orbe Luna radiis

---

candor Glanz – **inter flammas**: erg. *stellarum* – **Grai(i)** poet. ~ *Graeci* – **orbis lacteus** Milchstraße – **nuncupare** (*nomen, capere*): feierlich aussprechen, (be)nennen – **ex quo**: erg. *orbe lacteo* – **cetera**: alles außer der Erde – **eae . . ., quas** ~ *tales . . ., quales* – **ex hoc loco** von der Erde aus – **suspicari** h. vermuten, ahnen – **citimus** (seltener Sup. zu *citerior*): der nächste – **a terris**: poet. Plur. – **paenitet me** h. ich ärgere mich, bin unzufrieden

17 **magis** h. genauer – **quousque** wie lange – **defigere** festheften, Pass. haften – **tibi**: Dat. eth. – **globus** Kugelschale – **conectere** (*-nex(u)i, -nexum*): verbinden – **extimus** ~ *extremus* – **arcere et continere** in Ordnung halten – **in quo sunt . . .**: *in quo sunt infixae illae stellae, quae cursibus sempiternis volvuntur* (Enallage) – **versantur** (frequentativ) ~ *vertuntur* – **contrario motu atque caelum** in einer Gegenbewegung zum Himmel – **illa**: erg. *stella* – **ille fulgor, qui** ~ *fulgor illius stellae, quae* – **rutilus** rötlich – **subter** (Adv.): unterhalb – **lustret** ~ *illustret*

solis accensa convertitur. Infra autem iam nihil est nisi mortale et caducum praeter animos munere deorum hominum generi datos, supra Lunam sunt aeterna omnia. Nam ea, quae est media et nona, Tellus, neque movetur et infima est, et in eam feruntur omnia nutu suo pondera."

18 Quae cum intuerer stupens, ut me recepi: „Quid? Hic", inquam, „quis est, qui complet aures meas tantus et tam dulcis sonus?"
„Hic est", inquit, „ille, qui intervallis disiunctus imparibus, sed tamen pro rata parte ratione distinctis impulsu et motu ipsorum orbium efficitur et acuta cum gravibus temperans varios aequabiliter concentus efficit; nec enim silentio tanti motus incitari possunt, et natura fert, ut extrema ex altera parte graviter, ex altera autem acute sonent. Quam ob causam summus ille caeli stellifer cursus, cuius conversio est concitatior, acuto et excitato movetur sono, gravissimo autem hic lunaris atque infimus; nam terra nona immobilis manens una sede semper haeret complexa medium mundi locum. Illi autem octo cursus, in quibus eadem vis est duorum, septem efficiunt distinctos intervallis sonos, qui numerus rerum omnium fere nodus est; quod docti homines nervis imitati atque cantibus aperuerunt sibi reditum in hunc locum, sicut alii, qui praestantibus ingeniis in vita humana divina
19 studia coluerunt. Hoc sonitu oppletae aures hominum obsurduerunt; nec est ullus hebetior sensus in vobis; sicut, ubi Nilus ad illa, quae Catadupa nominantur, praecipitat ex altissimis montibus, ea gens, quae illum locum accolit, propter magnitudinem sonitus sensu au-

---

accensus beleuchtet – **infra** (Adv.): unterhalb – **caducus** hinfällig, vergänglich – **Tellus** (poet.) ~ *Terra* – **nutus, -us** Neigung, Schwerkraft

18 **se recipere** sich fassen – **disiunctus** verschieden – **pro rata parte** in bestimmtem Verhältnis – **ratione distinctis** (*intervallis*): gesetzmäßig angeordnet – **acutus** hoch (von Tönen) – **gravis** tief (von Tönen) – **aequabiliter** (Adv.): gleichmäßig – **concentūs** Harmonien – **natura fert, ut** die Natur bringt es mit sich, es ist ein Naturgesetz, dass – **caeli stellifer cursus**: Enallage für *caeli stelliferi cursus* (vgl. § 17) – **concitatus** schnell – **excitatus** schrill – **nona**: prädikativ – **in quibus eadem vis est duorum**: Venus und Merkur haben dieselbe Fähigkeit (*vis*) wegen ihrer angeblich identischen Geschwindigkeit. – **rerum omnium . . . nodus** das Band aller Dinge (~ der Welt) – **nervus** Saite

19 **oppletae** ~ *completae* – **obsurdescere** (Perf. *obsurdui*): taub werden – **hebes** stumpf – **Catadupa** (griech. „das Herabdonnern"): Nilkatarakt in Oberägypten – **accolere** in der Nähe wohnen

diendi caret. Hic vero tantus est totius mundi incitatissima conversione sonitus, ut eum aures hominum capere non possint, sicut intueri solem adversum nequitis eiusque radiis acies vestra sensusque vincitur."

20 Haec ego admirans referebam tamen oculos ad terram identidem. Tum Africanus: „Sentio", inquit, „te sedem etiam nunc hominum ac domum contemplari; quae si tibi parva, ut est, ita videtur, haec caelestia semper spectato, illa humana contemnito. Tu enim quam celebritatem sermonis hominum aut quam expetendam consequi gloriam potes? Vides habitari in terra raris et angustis in locis et in ipsis quasi maculis, ubi habitatur, vastas solitudines interiectas eosque, qui incolunt terram, non modo interruptos ita esse, ut nihil inter ipsos ab aliis ad alios manare possit, sed partim obliquos, partim transversos, partim etiam adversos stare vobis; a quibus exspectare gloriam certe nullam potestis.

21 Cernis autem eandem terram quasi quibusdam redimitam et circumdatam cingulis, e quibus duos maxime inter se diversos et caeli verticibus ipsis ex utraque parte subnixos obriguisse pruina vides, medium autem illum et maximum solis ardore torreri. Duo sunt habitabiles, quorum australis ille, in quo, qui insistunt, adversa vobis urgent vestigia, nihil ad vestrum genus; hic autem alter subiectus aquiloni, quem incolitis, cerne, quam tenui vos parte contineat.

---

hic: zu *sonitus* – **incitatissima conversione**: vgl. in § 18 *conversio est concitatior* – **nequire** (Verbum defectivum): nicht können – **acies** h. Sehkraft

20 **identidem** immer wieder – **celebritas sermonis hominum** Berühmtheit im Munde der Menschen – **expetendus** erstrebenswert – **habitari ... habitatur** man wohnt – **macula** Fleck – **solitudo** Wüste – **interiectas** (*esse*) dazwischen liegen – **manare** h. sich verbreiten – **partim obliquos, partim transversos, partim etiam adversos**: Menschen, die zum Teil auf demselben Meridian, aber auf der südlichen Erdhälfte wohnen, teils zwar auf der nördlichen, aber auf dem entgegengesetzten Meridian; schließlich solche, die sogar auf dem entgegengesetzten Längen- und Breitengrad leben (Antipoden).

21 **redimire** umwinden, umgeben – **cingulus** Erdgürtel, Zone – **diversus** h. entgegengesetzt – **vertex** (m., zu *vertere*): Drehpunkt, Scheitel, Pol – **subnixus** gestützt auf, angelehnt an – **obrigescere** (Perf. *obrigui*): erstarren – **pruina** Reif, Frost – **torrere** h. ausdörren, versengen – **australis** (zu *auster* Südwind): südlich – **qui insistunt** die Bewohner – **adversa vobis urgent vestigia**: *urgent* ~ *premunt*; Umschreibung für „Antipoden" – **nihil** erg. *pertinet*: hat nichts zu tun mit – **aquilo** Nordwind, Norden – **continere** h. beschränken auf

Omnis enim terra, quae colitur a vobis, angustata verticibus, lateribus
latior, parva quaedam insula est circumfusa illo mari, quod Atlanti-
cum, quod magnum, quem Oceanum appellatis in terris; qui tamen
22 tanto nomine quam sit parvus, vides. Ex his ipsis cultis notisque terris
num aut tuum aut cuiusquam nostrum nomen vel Causasum hunc,
quem cernis, transcendere potuit vel illum Gangem tranatare? Quis in
reliquis orientis aut obeuntis solis ultimis aut aquilonis austrive parti-
bus tuum nomen audiet? Quibus amputatis cernis profecto, quantis in
angustiis vestra se gloria dilatari velit. Ipsi autem, qui de nobis
loquuntur, quam loquentur diu?
23 Quin etiam si cupiat proles illa futurorum hominum deinceps laudes
unius cuiusque nostrum a patribus acceptas posteris prodere, tamen
propter eluviones exustionesque terrarum, quas accidere tempore
certo necesse est, non modo non aeternam, sed ne diuturnam quidem
gloriam assequi possumus. Quid autem interest ab iis, qui postea
nascentur, sermonem fore de te, cum ab iis nullus fuerit, qui ante nati
24 sunt, qui nec pauciores et certe meliores fuerunt viri, praesertim cum
apud eos ipsos, a quibus audiri nomen nostrum potest, nemo unius
anni memoriam consequi possit? Homines enim populariter annum
tantummodo solis, id est unius astri, reditu metiuntur; re ipsa autem,
cum ad idem, unde semel profecta sunt, cuncta astra redierint ean-
demque totius caeli discriptionem longis intervallis rettulerint, tum
ille vere vertens annus appellari potest; in quo vix dicere audeo, quam

---

angustata verticibus, lateribus latior (Chiasmus): schmal an den Polen, breiter nach den Seiten zu – **qui**: rel. Anschl., erg. *Oceanus* – **tanto nomine**: konzessiv

22 **cultus** bebaut, bewohnt – **nostrum**: partit. Gen. Pl. – **in reliquis ... ultimis ... partibus**: davon abhängig *orientis aut obeuntis* (~ *occidentis*) *solis* sowie *aut aquilonis austrive* – **quibus amputatis**: kondizional; *amputare* abschneiden, abrechnen, abziehen – **profecto** vollends, erst recht – **dilatari** sich ausbreiten – **quam ... diu** ~ *quamdiu*

23 **quin etiam** ja sogar – **proles** h. Geschlecht, Generation – **deinceps** der Reihe nach, ununterbrochen – **eluviones exustionesque** Überschwemmungen und Brände

24 **memoria** h. passivisch: Gedenken – **populariter** gewöhnlich – **tantummodo** nur – **astrum** (griech. Fw.): Gestirn – **reditus** h. Umlaufszeit – **re ipsa** in Wirklichkeit – **ad idem** zum selben Punkt – **caeli discriptio** Himmelsordnung, „Konstellation“ – **referre** wieder herbeiführen – **ille**: erg. *annus* – **vertere** h. intr. sich wenden, umlaufen

multa hominum saecula teneantur. Namque ut olim deficere sol hominibus exstinguique visus est, cum Romuli animus haec ipsa in templa penetravit, quandoque ab eadem parte sol eodemque tempore iterum defecerit, tum signis omnibus ad idem principium stellisque revocatis expletum annum habeto; cuius quidem anni nondum vicesimam partem scito esse conversam.

25 Quocirca si reditum in hunc locum desperaveris, in quo omnia sunt magnis et praestantibus viris, quanti tandem est ista hominum gloria, quae pertinere vix ad unius anni partem exiguam potest?
Igitur alte spectare si voles atque hanc sedem et aeternam domum contueri, neque te sermonibus vulgi dederis nec in praemiis humanis spem posueris rerum tuarum; suis te oportet illecebris ipsa virtus trahat ad verum decus; quid de te alii loquantur, ipsi videant; sed loquentur tamen. Sermo autem omnis ille et angustiis cingitur iis regionum, quas vides, nec umquam de ullo perennis fuit et obruitur hominum interitu et oblivione posteritatis exstinguitur."

26 Quae cum dixisset: „Ego vero", inquam, „Africane, siquidem bene meritis de patria quasi limes ad caeli aditum patet, quamquam a pueritia vestigiis ingressus patris et tuis decori vestro non defui, nunc tamen tanto praemio exposito enitar multo vigilantius."
Et ille: „Tu vero enitere et sic habeto: non esse te mortalem, sed corpus hoc; nec enim tu is es, quem forma ista declarat, sed mens cuiusque is est quisque, non ea figura, quae digito demonstrari potest. Deum te igitur scito esse, siquidem est deus, qui viget, qui sentit, qui

---

saecula h. Menschenalter, Generationen – **teneantur** ~ *contineantur* – **namque** ~ *nam* – **deficere** h. sich verfinstern – **quandoque** ~ *cum (ali)quando*, entspricht dem folgenden *tum*. – **ab eadem parte** ~ *eodem loco* – **signis** ~ *sideribus* – **principium** Ausgangspunkt – **revocare** zurückrufen, -führen

25 **quocirca** deshalb – **desperaveris**: Potenzialis – **reditum . . ., in quo omnia sunt magnis . . . viris** an der Rückkehr . . ., auf der alles beruht für . . . (Der Text ist vielleicht verderbt.) – **quanti** (Gen. pretii): wie wertlos – **alte** aufwärts – **contueri** betrachten – **neque . . . dederis nec posueris**: Prohibitiv – **illecebra, -ae** Lockung, Reiz – **cingere** h. beschränken – **perennis** immer während – **obruere** verschütten, Pass. untergehen

26 **siquidem** wenn tatsächlich – **limes, -itis** (m.): Grenzweg, Weg – **deesse alci** im Stich lassen, vernachlässigen – **eniti** sich anstrengen, emporstreben – **vigilans** h. wachsam – **sic habeto** du sollst Folgendes wissen (wie § 13) – **forma** äußere Gestalt (~ *figura*) – **declarare** anzeigen, darstellen – **vigēre** Lebenskraft besitzen

meminit, qui providet, qui tam regit et moderatur et movet id corpus, cui praepositus est, quam hunc mundum ille princeps deus; et ut mundum ex quadam parte mortalem ipse deus aeternus, sic fragile corpus animus sempiternus movet.

27 Nam quod semper movetur, aeternum est; quod autem motum affert alicui quodque ipsum agitatur aliunde, quando finem habet motus, vivendi finem habeat necesse est. Solum igitur, quod se ipsum movet, quia numquam deseritur a se, numquam ne moveri quidem desinit; quin etiam ceteris, quae moventur, hic fons, hoc principium est movendi. Principii autem nulla est origo; nam ex principio oriuntur omnia, ipsum autem nulla ex re alia nasci potest; nec enim esset id principium, quod gigneretur aliunde; quodsi numquam oritur, ne occidit quidem umquam. Nam principium exstinctum nec ipsum ab alio renascetur nec ex se aliud creabit, siquidem necesse est a principio oriri omnia. Ita fit, ut motus principium ex eo sit, quod ipsum a se movetur; id autem nec nasci potest nec mori; vel concidat omne caelum omnisque natura et consistat necesse est nec vim ullam nanciscatur, qua a primo impulsa moveatur.

28 Cum pateat igitur aeternum id esse, quod se ipsum moveat, quis est, qui hanc naturam animis esse tributam neget? Inanimum est enim omne, quod pulsu agitatur externo; quod autem est animal, id motu cietur interiore et suo; nam haec est propria natura animi atque vis; quae si est una ex omnibus, quae se ipsa moveat, neque nata certe est et aeterna est.

---

ex quadam parte in gewisser Hinsicht

27 **movetur**: reflexiv – **motum affert alci** ~ *movet alqd* – **quodque** ~ *et quod* – **aliunde** von anderswoher, von etwas anderem – **quando** dann, wenn – **ne . . . quidem** h. auch nicht – **moveri**: reflexiv – **quin etiam** ja sogar – **moventur**: passivisch – **principium** Ursprung – **quodsi** wenn aber – **ne . . . quidem**: s. o. – **siquidem** wenn tatsächlich – **ita fit, ut** daraus ergibt sich, dass – **vel . . .**: *vel necesse est concidat* (oder es müsste einstürzen) *omne caelum omnisque natura et consistat* (und alles Entstandene müsste zum Stillstand kommen) *nec . . .* – **a primo** von neuem

28 **patet** ~ *apparet* – **hanc naturam** h. dieses Wesen – **inanimus** unbeseelt – **pulsu** (~ *impulsu*): durch einen Anstoß – **ciēre** (*civi, citum*): bewegen – **quae**: bezogen auf *natura . . . atque vis*, dem Sinn nach aber zu *animi* gehörig – **una** ~ *sola* – **res** h. Taten

29 Hanc tu exerce optimis in rebus! Sunt autem optimae curae de salute patriae, quibus agitatus et exercitatus animus velocius in hanc sedem et domum suam pervolabit; idque ocius faciet, si iam tum, cum erit inclusus in corpore, eminebit foras et ea, quae extra erunt, contemplans quam maxime se a corpore abstrahet. Namque eorum animi, qui se corporis voluptatibus dediderunt earumque se quasi ministros praebuerunt impulsuque libidinum voluptatibus oboedientium deorum et hominum iura violaverunt, corporibus elapsi circum terram ipsam volutantur nec hunc in locum nisi multis exagitati saeculis revertuntur."

Ille discessit; ego somno solutus sum.

---

29 **optimae**: erg. *curae* (Prädikatsnomen) – **exercitatus** geschult, geplagt – **ocius** ~ *velocius* – **foras** (Adv.): nach draußen – **se abstrahere** sich loslösen – **volutare** (Intensivum zu *volvere*; hier refl.): wälzen – **exagitare** umhertreiben

2. Vergil, Aeneis

2.1 Prooemium (1.1–11)

Arma virumque cano, Troiae qui primus ab oris
Italiam fato profugus Laviniaque venit
litora, multum ille et terris iactatus et alto
vi superum saevae memorem Iunonis ob iram,
multa quoque et bello passus, dum conderet urbem
inferretque deos Latio, genus unde Latinum
Albanique patres atque altae moenia Romae.
Musa, mihi causas memora, quo numine laeso
quidve dolens regina deum tot volvere casus
insignem pietate virum, tot adire labores
impulerit. Tantaene animis caelestibus irae?

2.2 Romverheißung an Venus (1.223–241; 250–304)

Et iam finis erat, cum Iuppiter aethere summo
dispiciens mare velivolum terrasque iacentis
litoraque et latos populos, sic vertice caeli
constitit et Libyae defixit lumina regnis.
Atque illum talis iactantem pectore curas
tristior et lacrimis oculos suffusa nitentis

---

1 **arma virumque** die Waffentaten und den Helden – **ab oris**: poet. Pl. – **Italiam**: Richtungs-Akk. ohne Präp. – **fato**: zu *venit* – **profugus** auf der Flucht – **Laviniaque ... litora** (poet. Pl.): *Lavinius* Adj. zum Stadtnamen *Lavinium*; *-que* und zwar – **multum**: adv. Akk. – **ille** ~ *Aeneas* – **et terris ... et alto** ~ *terra marique* – **superum** (*superorum*) ~ *deorum* – **memor** sich erinnernd, unversöhnlich

5 **quoque et** dazu noch – **urbem**: *Lavinium* – **Latio** in Latium – **unde**: erg. *sunt* – **memorare** h. ins Gedächtnis rufen – **numen** (zu *nuere* nicken): die Gottheit, der göttliche Wille (hier der *Iuno*) – **deum** ~ *deorum* – **volvere casus** Schicksalsschläge aushalten

11 **impellere**: h. mit Obj.-Inf.

223 **aethere** ~ *ex aethere* – **dispicere** überblicken – **velivolus** (*velum, volare*): segelbeflügelt

225 **sic**: nämlich *dispiciens* – **vertice** ~ in *vertice* – **defixit lumina** (m. Abl.): er richtete seine Augen auf ... – **curas iactare** Sorgen überdenken – **lacrimis oculos suffusa**: *suffundere* übergießen, Pass. benetzt, überströmt werden; *oculos*: Akk. lim. („Graecus“) – **nitēre** glänzen

Der Bogen von Susa in den Cottischen Alpen. 8 v. Chr.
(Vgl. Kommentar S. 59f.)

adloquitur Venus: „O qui res hominumque deumque
aeternis regis imperiis et fulmine terres,
quid meus Aeneas in te committere tantum,
quid Troes potuere, quibus tot funera passis
cunctus ob Italiam terrarum clauditur orbis?
Certe hinc Romanos olim volventibus annis,
hinc fore ductores, revocato a sanguine Teucri,
qui mare, qui terras omni dicione tenerent,
pollicitus. Quae te, genitor, sententia vertit?
Hoc equidem occasum Troiae tristisque ruinas
solabar fatis contraria fata rependens;
nunc eadem fortuna viros tot casibus actos
insequitur. Quem das finem, rex magne, laborum?

Nos, tua progenies, caeli quibus adnuis arcem,
navibus (infandum!) amissis unius ob iram
prodimur atque Italis longe disiungimur oris.
Hic pietatis honos? Sic nos in sceptra reponis?"
Olli subridens hominum sator atque deorum
vultu, quo caelum tempestatesque serenat,
oscula libavit natae, dehinc talia fatur:
„Parce metu, Cytherea, manent immota tuorum
fata tibi; cernes urbem et promissa Lavini

---

deumque ~ *deorumque*

230 **aeternus** h. ewig gültig – **quid . . . tantum** welches ungeheure Verbrechen – **funus** h. Verderben, Verlust – **ob Italiam** Italiens wegen (gemeint: damit sie nicht nach Italien gelangen) – **certe**: zu *pollicitus* (*es*) in V. 237

235 **hinc** ~ *a Troianis* – **olim** h. in ferner Zukunft – **volventibus annis** (intr.): im Kreislauf der Jahre – **revocare** wieder erwecken – **omni dicione** unter unumschränkter Herrschaft – **quae . . . sententia** ~ *cuius sententia* – **hōc** (Abl.): zu *solabar*; *solari alqd* sich trösten über – **rependere alqd alqa re** etwas gegeneinander aufwägen

240 **eadem fortuna** das ewig gleiche Geschick

250 **adnuere** zunicken, versprechen – **infandum** (erg. *est*): es ist nicht zu sagen, es ist unerhört – **disiungere** (m. Abl. sep.): fern halten von – **in sceptra reponere** wieder in die Herrschaft einsetzen – **olli**: alat. f. *illi* – **subridere alci** jem. zulächeln – **sator** ~ *pater*

255 **serenare** aufheitern – **oscula libare alcs** jemands Lippen sanft berühren, jd. küssen – **dehinc** (Synizese!): hierauf – **metu** ~ *metui* – **Lavini**: Gen. zu *Lavinium* (vgl. V. 2)

moenia sublimemque feres ad sidera caeli
magnanimum Aenean; neque me sententia vertit.
Hic tibi (fabor enim, quando haec te cura remordet,
longius, et volvens fatorum arcana movebo)
bellum ingens geret Italia populosque ferocis
contundet moresque viris et moenia ponet,
tertia dum Latio regnantem viderit aestas,
ternaque transierint Rutulis hiberna subactis.
At puer Ascanius, cui nunc cognomen Iulo
additur (Ilus erat, dum res stetit Ilia regno),
triginta magnos volvendis mensibus orbis
imperio explebit, regnumque ab sede Lavini
transferet, et Longam multa vi muniet Albam.
Hic iam ter centum totos regnabitur annos
gente sub Hectorea, donec regina sacerdos
Marte gravis geminam partu dabit Ilia prolem.
Inde lupae fulvo nutricis tegmine laetus
Romulus excipiet gentem et Mavortia condet
moenia Romanosque suo de nomine dicet.
HIS EGO NEC METAS RERUM NEC TEMPORA PONO:
IMPERIUM SINE FINE DEDI. Quin aspera Iuno,
quae mare nunc terrasque metu caelumque fatigat,

---

sublimem ferre hoch hinauftragen

neque me sententia vertit: vgl. zu V. 237 – **fabor**: Fut. zu *fari* – **quando**: kausal – **remordēre** immer wieder beißen, quälen – **longius volvere** ausführlicher enthüllen – **arcana movere** Geheimnisse offenbaren (*arca* Kiste) – **Italia** ~ *in Italia* – **contundere** (*-tudi, -tusum*): zerschmettern

dum bis – **Latio** ~ *in Latio* – **terna ... hiberna** drei Winter(lager) – **Rutulis ... subactis**: Dat. – **dum res stetit Ilia regno** solange das Reich von Ilium durch seine Königsmacht Bestand hatte – **triginta magnos ... orbīs** dreißig Jahreskreise – **volvendis mensibus** im Umlauf der Monate

Lavini: Gen. explic., im Dt. Appos. – **transferre** verlegen – **Longam ... Albam** die Stadt Alba Longa – **hīc**: Adv. – **iam** dann – **gente sub Hectorea** ~ *sub Troianis* – **regina**: h. Adj. – **gravis alqo** schwanger von – **geminum partu dabit ... prolem** ~ *geminos pariet*

fulvus bräunlich – **nutrix** Ernährerin, Amme – **tegmen** (zu *tegere*): Fell – **excipere** übernehmen und weiterführen – **Mavortius**: Adj. zu *Mavors* ~ *Mars* – **nec metas rerum nec tempora** keine Grenzen (*meta*) in Raum und Zeit – **quin** ja sogar

fatigare ermüden, quälen

consilia in melius referet, mecumque fovebit
Romanos, rerum dominos gentemque togatam.
Sic placitum. Veniet lustris labentibus aetas,
cum domus Assaraci Phthiam clarasque Mycenas
servitio premet ac victis dominabitur Argis.
Nascetur pulchra Troianus origine Caesar,
imperium Oceano, famam qui terminet astris,
Iulius, a magno demissum nomen Iulo.
Hunc tu olim caelo spoliis Orientis onustum
accipies secura; vocabitur hic quoque votis.
Aspera tum positis mitescent saecula bellis;
cana Fides et Vesta, Remo cum fratre Quirinus
iura dabunt; dirae ferro et compagibus artis
claudentur Belli portae, Furor impius intus
saeva sedens super arma et centum vinctus aënis
post tergum nodis fremet horridus ore cruento."
Haec ait et Maia genitum demittit ab alto,
ut terrae utque novae pateant Karthaginis arces
hospitio Teucris, ne fati nescia Dido
finibus arceret. Volat ille per aëra magnum
remigio alarum ac Libyae citus astitit oris.

---

consilia in melius referre sich eines Besseren besinnen – **fovēre** wärmen, hegen – **res** h. Welt – **lustrum** Zeitraum von fünf Jahren, h. allgemein „Jahre" – **Assaracus**: Urgroßvater des Äneas – **Phthia**: Heimat Achills – **Mycenae**: Königssitz Agamemnons

285 **Argi, -orum** Argos (auf der Peloponnes) – **Caesar**: *Octavianus Augustus* – **terminare alqd re** etwas durch etwas begrenzen; konj. Relativsatz m. fin. Nebensinn – **nomen demittere** einen Namen ableiten – **olim**: wie V. 234 – **spolia, -orum** die im Kampf erbeuteten Waffen

290 **se-curus** frei von Sorgen – **votum** Gelübde, Gebet – **mitescere** friedlich werden – **canus** altersgrau, ehrwürdig – **Quirinus** ~ *Romulus* – **dirus** schrecklich – **ferro et compagibus artis** mit festen (*artus*) eisernen Riegeln (*compages*)

295 **aënus** (und *aëneus*): ehern – **nodus** Knoten, Fessel – **fremere** lärmen, toben – **Maiā genitum** ~ *filium Maiae* (Merkur) – **ab alto**: erg. *Olympo* – **hospitio** (Dat. fin.): zu gastfreundlicher Aufnahme

300 **arceret**: erg. *Troianos* – **aëra** (griech. Akk.) ~ *aërem* – **remigio alarum** mit dem Ruderwerk der Flügel – **citus**: Adj. statt Adv. – **astare** dastehen

Et iam iussa facit, ponuntque ferocia Poeni
corda volente deo; in primis regina quietum
accipit in Teucros animum mentemque benignam.

2.3 Blick in Roms Zukunft

(„Heldenschau“ 6.788–807)

Huc geminas nunc flecte acies, hanc aspice gentem
Romanosque tuos. Hic Caesar et omnis Iuli
progenies magnum caeli ventura sub axem.
Hic vir, hic est, tibi quem promitti saepius audis,
Augustus Caesar, divi genus, aurea condet
saecula qui rursus Latio regnata per arva
Saturno quondam, super et Garamantas et Indos
proferet imperium; iacet extra sidera tellus,
extra anni solisque vias, ubi caelifer Atlas
axem umero torquet stellis ardentibus aptum.
Huius in adventum iam nunc et Caspia regna
responsis horrent divum et Maeotia tellus,
et septemgemini turbant trepida ostia Nili.
Nec vero Alcides tantum telluris obivit,
fixerit aeripedem cervam licet, aut Erymanthi
pacarit nemora et Lernam tremefecerit arcu;

---

ponunt ~ *deponunt* – **ferocia ... corda** ~ *animos feroces*

788 **acies** ~ *oculos*

790 **magnum caeli ... sub axem** zum hohen Himmel(spol) hinauf – **audis**: statt *audivisti* – **divi** ~ *C. Iulii Caesaris* – **aurea ...**: *qui rursus aurea saecula condet Latio* (Dat. comm.) *per arva* (Gefilde) *quondam Saturno* (Dat. auct.) *regnata* – **Garamantes, -ium**, griech. Akk. Pl. *-as*: Volk Innerafrikas

795 **extra sidera** außerhalb der (bei uns leuchtenden) Gestirne – **axis**: vgl. zu V. 790 – **umerus** Schulter – **aptus** h. besetzt mit etwas – **in adventum** h. vor ... – **horrēre alqa re** schaudern infolge von – **responsis ... divum** ~ *oraculis deorum* – **Maeotia tellus** das Land am Mäotis-See (am Asowschen Meer)

800 **septemgeminus** siebenarmig – **turbant trepida** sie beben vor Schreck – **Alcides** Herkules (Enkel des Alkeus) – **obivit** ~ *obiit* – **fixerit ... licet** mag er auch erlegt haben – **aeri-pes, -pedis** erzfüßig – **cerva** Hirschkuh – **Erymanthi ... nemora** das Erymanthusgebirge in Arkadien – **pacarit** ~ *pacaverit* – **Lerna, -ae** Gegend bei Argos – **treme-facere** erzittern lassen

Die Gemma Augustea. Wien, Kunsthistorisches Museum. Um 10 n. Chr.
(Vgl. Kommentar S. 59f.)

nec qui pampineis victor iuga flectit habenis
Liber, agens celso Nysae de vertice tigris.
Et dubitamus adhuc virtutem extendere factis,
aut metus Ausonia prohibet consistere terra?

2.4 Roms Auftrag (6.847–853)

Excudent alii spirantia mollius aera
(credo equidem), vivos ducent de marmore vultus,
orabunt causas melius, caelique meatus
describent radio et surgentia sidera dicent:
Tu regere imperio populos, Romane, memento
(hae tibi erunt artes), pacique imponere morem,
parcere subiectis et debellare superbos.

P. Vergilius Maro.
1. Jh. n. Chr. Rom, Museo del Vaticano.

---

nec qui: Forts. des *nec* von V. 801 – **pampineis ... habenis** mit Zügeln aus Weinranken – **iuga flectere** (poet. Pl.): ein Gespann lenken; das Präd. erg. aus V. 801!

805 **Liber** ~ *Bacchus* – **Nysa, -ae** Berg in Indien – **et** und da – **Ausonia terra** ~ *Italia*

847 **excudere** heraushämmern, treiben – **spirantia ... aera** atmende Bronzestatuen – **mollius**: erg. *quam Romani* – **ducere** h. gestalten – **causas orare** Gerichtsreden halten – **caeli meatūs** die Umlaufbahnen am Himmel

850 **radius** h. Zeichenstab – **paci imponere morem** den Frieden durch römische Lebensart krönen – **de-bellare** niederkämpfen

Vermutetes Porträt des Horaz. Relief aus claudischer Zeit.

3. Horaz, Epoden und Oden

3.1 Das Verhängnis des Bürgerkriegs

(Epode 7)

Quo, quo scelesti ruitis aut cur dexteris
  Aptantur enses conditi?
Parumne campis atque Neptuno super
  Fusum est Latini sanguinis?
Non ut superbas invidae Karthaginis
  Romanus arces ureret,
Intactus aut Britannus ut descenderet
  Sacra catenatus via,
Sed ut secundum vota Parthorum sua
  Urbs haec periret dextera.
Neque hic lupis mos nec fuit leonibus
  Numquam nisi in dispar feris:
Furorne caecus an rapit vis acrior
  An culpa? Responsum date!
Tacent et albus ora pallor inficit
  Mentesque perculsae stupent.
Sic est: Acerba fata Romanos agunt
  Scelusque fraternae necis,
Ut inmerentis fluxit in terram Remi
  Sacer nepotibus cruor.

---

2 **aptare** anpassen – **ensis, -is** (m.): zweischneidiges Langschwert – **Neptuno** ~ *mari*

7 **intactus** (immer noch) unbezwungen – **catenatus** gekettet, gefesselt

12 **numquam nisi in dispar feris** die nur wild sind gegen das, was nicht ihresgleichen ist

15 **albus . . . pallor** bleiche Blässe – **ut** h. seit – **inmerens** unschuldig

20 **sacer** h. verflucht

61 Nulla nocent pecori contagia, nullius astri
62 Gregem aestuosa torret inpotentia.
53 Pluraque felices mirabimur, ut neque largis
Aquosus Eurus arva radat imbribus,
55 Pinguia nec siccis urantur semina glaebis,
Utrumque rege temperante caelitum.
Non huc Argoo contendit remige pinus
Neque inpudica Colchis intulit pedem,
Non huc Sidonii torserunt cornua nautae
60 Laboriosa nec cohors Ulixei.
63 Iuppiter illa piae secrevit litora genti,
Ut inquinavit aere tempus aureum:
65 Aere, dehinc ferro duravit saecula, quorum
Piis secunda vate me datur fuga.

3.3 Triumph über Kleopatra (Ode 1.37)

Nunc est bibendum, nunc pede libero
Pulsanda tellus, nunc Saliaribus
Ornare pulvinar deorum
Tempus erat dapibus, sodales!

---

61 **contagium** Berührung, Ansteckung, Seuche
62 **aestuosa ... inpotentia** unbändige Glut
54 **Eurus** Südostwind – **radere** schaben, rasieren, über etwas hinfegen
55 **glaeba** Erdscholle
57 **Argoo ... remige** mit einem Ruderknecht der Argo (*Argous:* Adj. zu Argo)
58 **Colchis** die Kolcherin (h. Medea)
59 **Sidonii** Kaufleute aus Sidon (sie raubten einst die Io) – **cornua** h. Segelstangen, Rahen
60 **Ulixei** ~ *Ulixis*
64 **inquinare** beschmutzen, entstellen

2 **Saliaribus ... dapibus:** *daps,* meist Pl. *dapes* Festmahl; hier ein üppiges Festmahl (nach Art der Salier-Priester) – **pulvinar** Polster f. d. Götter beim rituellen Mahl des *lectisternium*

Antehac nefas depromere Caecubum
Cellis avitis, dum Capitolio
Regina dementis ruinas
Funus et imperio parabat

Contaminato cum grege turpium
Morbo virorum quidlibet inpotens
Sperare fortunaque dulci
Ebria. Sed minuit furorem

Vix una sospes navis ab ignibus
Mentemque lymphatam Mareotico
Redegit in veros timores
Caesar ab Italia volantem

Remis adurgens, accipiter velut
Mollis columbas aut leporem citus
Venator in campis nivalis
Haemoniae, daret ut catenis

Fatale monstrum. Quae generosius
Perire quaerens nec muliebriter
Expavit ensem nec latentis
Classe cita reparavit oras.

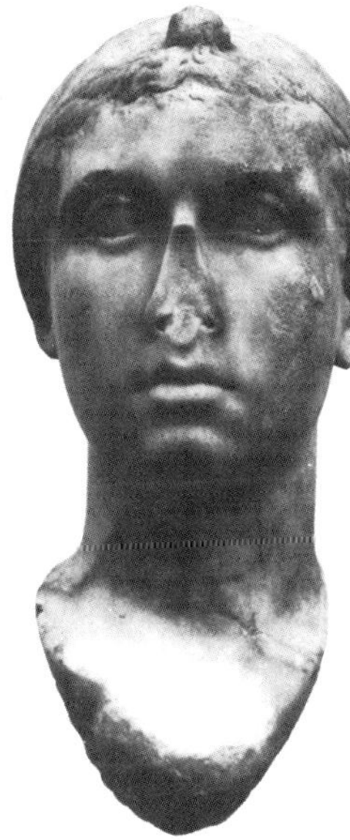

Porträt Kleopatras VII.
ca. 50 v. Chr. Rom.
Museo del Vaticano.

---

5 **Caecubum** (erg. *vinum*): vorzüglicher Wein vom *ager Caecubus* im südlichen Latium – **avítus** großväterlich, ererbt – **dementīs ruinas**: Enallage statt *regina demens* – **contaminare** entweihen, beflecken

10 **morbus** h. eine seelische Erkrankung, Leidenschaft – **impotens sperare** maßlos im Hoffen (Graecismus) – **ebrius** berauscht

14 **lymphatus** wahnsinnig, besessen – **Mareoticum** (erg. *vinum*): starker Wein vom Mareotis-See bei Alexandria – **adurgēre** andrücken, heftig bedrängen, verfolgen – **accipiter, -tris** Habicht, Falke – **lepus** Hase

20 **Haemonia**: alter Name Thessaliens – **caténa** Kette, Fessel – **expavescere** (Perf. *-pavi*): sich vor etwas entsetzen – **ensis, -is** zweischneidiges Langschwert

24 **reparare** h. aufsuchen

Ausa et iacentem visere regiam
Voltu sereno, fortis et asperas
  Tractare serpentes, ut atrum
    Corpore conbiberet venenum,

Deliberata morte ferocior:
Saevis Liburnis scilicet invidens
  Privata deduci superbo
    Non humilis mulier triumpho.

3.4 Die dritte Römerode

(Ode 3.3)

Iustum et tenacem propositi virum
Non civium ardor prava iubentium,
  Non voltus instantis tyranni
    Mente quatit solida neque Auster,

Dux inquieti turbidus Hadriae,
Nec fulminantis magna manus Iovis:
  Si fractus inlabatur orbis,
    Inpavidum ferient ruinae.

Hac arte Pollux et vagus Hercules
Enisus arcis attigit igneas,
  Quos inter Augustus recumbens
    Purpureo bibet ore nectar;

Hac te merentem, Bacche pater, tuae
Vexere tigres indocili iugum
  Collo trahentes, hac Quirinus
    Martis equis Acheronta fugit,

---

conbibere h. einsaugen

30 **saevus** wütend, grausam – **Liburna** (erg. *navis*): Schnellsegler, benannt nach einem Seeräuberstamm in Illyrien – **privata**: erg. *regno*

2 **pravus** krumm, verkehrt, schlecht – **quatere** erschüttern, aus der Fassung bringen (*mente:* Abl. limit.)

5 **Hadria, -ae** (mask.): das Adriatische Meer

7 **inlabi** h. einstürzen – **ferire** schlagen, treffen

10 **eniti** emporstreben, sich bemühen

Italia als Mutter Erde. Relief auf der Umfassungsmauer der Ara Pacis in Rom. 13 bis 9 v. Chr. Marmor. (Vgl. Kommentar S. 59f.)

Ara Pacis Augustae, Altar des Augustus-Friedens, 9 v. Chr. eingeweiht. (Vgl. Kommentar S. 59f.)

Agrippa, Gaius Caesar, Iulia und Livia. Ausschnitt aus dem Prozessionsfries auf der Umfassungsmauer der Ara Pacis in Rom. 13 bis 9 v. Chr. Marmor.
(Vgl. Kommentar S. 59f.)

Gratum elocuta consiliantibus
Iunone divis: ‚Ilion, Ilion
Fatalis incestusque iudex
Et mulier peregrina vertit

In pulverem, ex quo destituit deos
Mercede pacta Laomedon, mihi
Castaeque damnatum Minervae
Cum populo et duce fraudulento.

Iam nec Lacaenae splendet adulterae
Famosus hospes nec Priami domus
Periura pugnacis Achivos
Hectoreis opibus refringit

Nostrisque ductum seditionibus
Bellum resedit: Protinus et gravis
Iras et invisum nepotem,
Troica quem peperit sacerdos,

Marti redonabo; illum ego lucidas
Inire sedes, discere nectaris
Sucos et adscribi quietis
Ordinibus patiar deorum.

Dum longus inter saeviat Ilion
Romamque pontus, qualibet exsules
In parte regnanto beati;
Dum Priami Paridisque busto

---

17 **consiliari** beratschlagen

21 **destituere** h. um etwas betrügen – **damnatum**: erg. *Ilion*

25 **Lacaena** die Spartanerin (h. Helena) – **famosus** berühmt, berüchtigt – **refringere** (auf)brechen, sprengen, hemmen – **seditio** h. Götterstreit

30 **resídere** sich setzen, rasten, aufhören – **iras et . . . nepotem**: eine Art Hendiadyoin, also: den Groll gegen den Enkel (Romulus)

35 **sucus** Saft (vgl. „saugen“)

Insultet armentum et catulos ferae
Celent inultae, stet Capitolium
Fulgens triumphatisque possit
Roma ferox dare iura Medis.

Horrenda late nomen in ultimas
Extendat oras, qua medius liquor
Secernit Europen ab Afro,
Qua tumidus rigat arva Nilus,

Aurum inrepertum et sic melius situm,
Cum terra celat, spernere fortior
Quam cogere humanos in usus
Omne sacrum rapiente dextra.

Quicumque mundo terminus obstitit,
Hunc tanget armis, visere gestiens,
Qua parte debacchentur ignes,
Qua nebulae pluviique rores.

Sed bellicosis fata Quiritibus
Hac lege dico, ne nimium pii
Rebusque fidentes avitae
Tecta velint reparare Troiae.

Troiae renascens alite lugubri
Fortuna tristi clade iterabitur
Ducente victrices catervas
Coniuge me Iovis et sorore.

---

41 **insultare** auf etwas herumspringen, verhöhnen – **catulus** Tierjunges – **inultus** h. straflos, unbehelligt

45 **horrenda**: erg. *Roma* – **tumidus** geschwollen – **rigare** bewässern – **arvum** Ackerland, Flur

50 **spernere fortior**: Rom ist charakterfest (*fortis*) genug, das Gold eher zu verachten, als ... – **gestire** heftig verlangen

55 **debacchari** sich austoben – **pluviique rores** Regenschauer (*pluvius* regnerisch; *ros* Tau, Regen) – **avítus** großväterlich, ererbt

61 **alite lugubri** unter Unheil verkündendem Vogel(zeichen) – **Troiae renascens ... fortuna**: Enallage; also: *Troiae renascentis fortuna* – **caterva** Schar

Ter si resurgat murus aeneus
Auctore Phoebo, ter pereat meis
  Excisus Argivis, ter uxor
    Capta virum puerosque ploret.‘

Non hoc iocosae conveniet lyrae:
Quo, Musa, tendis? Desine pervicax
  Referre sermones deorum et
    Magna modis tenuare parvis.

3.5 Lobgedicht auf Augustus (Ode 4.15)

Phoebus volentem proelia me loqui
Victas et urbis increpuit lyra,
  Ne parva Tyrrhenum per aequor
    Vela darem: Tua, Caesar, aetas

Fruges et agris rettulit uberes
Et signa nostro restituit Iovi
  Derepta Parthorum superbis
    Postibus et vacuum duellis

Ianum Quirini clausit et ordinem
Rectum evaganti frena licentiae
  Iniecit emovitque culpas
    Et veteres revocavit artis,

---

65 aëneus ehern – **excīdere** aushauen, zerstören, vertilgen – **plorare** (be)weinen

70 pervicax hartnäckig, eigensinnig, vermessen – **modis . . . parvis**: *modi parvi* sind die kurzen Zeilen der äolischen Lyrik im Gegensatz zum epischen Langvers. – **tenuare** verdünnen, herabsetzen

2 increpare schelten, tadeln

5 uber fruchtbar, ergiebig, reich – **Parthorum superbis postibus**: Enallage; *postis* der Pfosten; gemeint sind die Torpfosten des Tempels, wo die Parther die römischen Feldzeichen aufgehängt hatten. – **duellis** ~ *bellis*

10 evagari alqd etwas überschreiten

Die Augustusstatue aus der Villa der Livia bei Prima Porta. Rom, Museo del Vaticano. Um 14 n. Chr. Marmor. (Vgl. Kommentar S. 59f.)

* Delphin (= Venus)

Göttlichkeit und besondere Leistung des Augustus

Panzerrelief der Augustusstatue von Prima Porta.

* Rückgabe der Feldzeichen, die Crassus entrissen wurden und

Per quas Latinum nomen et Italae
Crevere vires famaque et imperi
  Porrecta maiestas ad ortus
    Solis ab Hesperio cubili.

Custode rerum Caesare non furor
Civilis aut vis exiget otium,
  Non ira, quae procudit ensis
    Et miseras inimicat urbis.

Non qui profundum Danuvium bibunt
Edicta rumpent Iulia, non Getae,
  Non Seres infidique Persae,
    Non Tanain prope flumen orti.

Nosque et profestis lucibus et sacris
Inter iocosi munera Liberi
  Cum prole matronisque nostris,
    Rite deos prius adprecati,

Virtute functos more patrum duces
Lydis remixto carmine tibiis
  Troiamque et Anchisen et almae
    Progeniem Veneris canemus.

---

18 **exigere** h. vertreiben – **procudere** schmieden – **ensis, -is** zweischneidiges Langschwert

23 **Seres** die Serer (Chinesen) – **Tanaïs** der Don

25 **profestis lucibus** an Werktagen

30 **Lydis remixto carmine tibiis** durch ein Lied, das von Flöten in lydischer Tonart begleitet (*remixto*) ist – **almus** nährend, gütig, segnend

4. Augustinus, De civitate dei

4.1 Der Idealstaat nach Ansicht der Heiden (2.20)

Verum tales cultores et dilectores deorum istorum, quorum etiam imitatores in sceleribus et flagitiis se esse laetantur, nullo modo curant pessimam ac flagitiosissimam esse rem publicam. „Tantum stet“, inquiunt, „tantum floreat copiis referta, victoriis gloriosa, vel, quod est felicius, pace secura sit. Et quid ad nos? Immo id ad nos magis pertinet, si divitias quisque augeat semper, quae cotidianis effusionibus suppetant, per quas sibi etiam infirmiores subdat quisque potentior. Obsequantur divitibus pauperes causa saturitatis, atque, ut eorum patrociniis quieta inertia perfruantur, divites pauperibus ad clientelas et ad ministerium sui fastus abutantur. Populi plaudant non consultoribus utilitatum suarum, sed largitoribus voluptatum. Non dura iubeantur, non prohibeantur inpura. Reges non curent, quam bonis, sed quam subditis regnent. Provinciae regibus non tamquam rectoribus morum, sed tamquam rerum dominatoribus et deliciarum suarum provisoribus serviant, eosque non sinceriter honorent, sed nequiter ac serviliter timeant. Quid alienae vineae potius quam quid suae vitae quisque noceat, legibus advertatur. Nullus ducatur ad iudicem, nisi qui alienae rei, domui, saluti vel cuiquam invito fuerit inportunus aut noxius; ceterum de suis vel cum suis vel cum quibusque volentibus faciat quisque, quod libet. Abundent publica scorta vel propter omnes, quibus frui placuerit, vel propter eos maxime, qui habere privata non possunt. Exstruantur amplissimae atque ornatissimae domus, opipara convivia frequententur, ubi cuique libuerit et

---

laetantur adverbiell zu übersetzen – **nullo modo curare** (m. AcI): sich überhaupt nicht darum kümmern, dass (wenn) – **tantum** ~ *dummodo* – **refertus** voll gestopft, wohlversorgt mit – **quid ad nos**: erg. *pertinet, quod res publica flagitiosissima est*? – **si** (m. Konj.): ob – **effusio, -onis** Verschwendung – **causā saturitatis** ~ *saturitatis causā* – **fastus, -us** Stolz, Hochmut – **inpurus** ~ *vitiosus* – **reges** ~ *domini* – **regnare**: h. wie *imperare* m. Dat. – **sinceriter** ~ *sincere* – **nequiter**: zu *nequam* – **vinea** Weinstock, Weinberg – **advertere** h. bestrafen – **inportunus** lästig – **de suis vel cum suis**: zuerst Neutr., dann Mask. – **volentibus**: *velle* h. zu Willen sein – **scortum** Dirne – **quibus frui placuerit**: *quibus* zu *placuerit, frui* h. sich befriedigen – **opiparus** (*ops, parare*): herrlich

potuerit, diu noctuque ludatur, bibatur, vomatur, diffluatur. Saltationes undique concrepent, theatra inhonestae laetitiae vocibus atque omni genere sive crudelissimae sive turpissimae voluptatis exaestuent. Ille sit publicus inimicus, cui haec felicitas displicet; quisquis eam mutare vel auferre temptaverit, eum libera multitudo avertat ab auribus, evertat a sedibus, auferat a viventibus. Illi habeantur dii veri, qui hanc adipiscendam populis procuraverint adeptamque servaverint. Colantur, ut voluerint, ludos exposcant, quales voluerint, quos cum suis vel de suis possint habere cultoribus; tantum efficiant, ut tali felicitati nihil ab hoste, nihil a peste, nihil ab ulla clade timeatur." Quis hanc rem publicam sanus, non dicam Romano imperio, sed domui Sardanapali comparaverit? Qui quondam rex ita fuit voluptatibus deditus, ut in sepulcro suo scribi fecerit ea sola se habere mortuum, quae libido eius, etiam cum viveret, hauriendo consumpserat. Quem regem si isti haberent sibi in talibus indulgentem nec in eis cuiquam ulla severitate adversantem, huic libentius quam Romani veteres Romulo templum et flaminem consecrarent.

4.2 Der Staat ohne Gerechtigkeit (4.4)

Remota itaque iustitia quid sunt regna nisi magna latrocinia? Quia et latrocinia quid sunt nisi parva regna? Manus et ipsa hominum est, imperio principis regitur, pacto societatis adstringitur, placiti lege praeda dividitur. Hoc malum si in tantum perditorum hominum accessibus crescit, ut et loca teneat sedes constituat civitates occupet populos subiuget, evidentius regni nomen adsumit, quod ei iam in manifesto confert non dempta cupiditas, sed addita impunitas. Eleganter enim et veraciter Alexandro illi Magno quidam comprehensus

---

vomere sich erbrechen – **diffluere** h. in Üppigkeit verkommen – **saltationes undique concrepent** laute Tanzmusik soll überall erschallen – **exaestuare** h. widerhallen – **hanc**: erg. *felicitatem* – **quos . . . possint** finaler Nebensinn – **de suis** ~ *a suis* – **quis . . . sanus** wer, wenn er bei Trost ist – **severitas** Strenge – **adversari** sich widersetzen, entgegentreten – **flamen**: Priester einer bestimmten Gottheit

remota . . . iustitia: Man löse diesen Abl. abs. versuchsweise temporal, kausal und kondizional auf. – **latrocinium** h. Räuberbande – **quia** ~ *nam* – **adstringere** verpflichten, zusammenschließen – **placiti lege** nach fester Übereinkunft – **hoc malum** diese üble Gesellschaft – **in tantum** zu solcher Größe – **accessus** Zulauf – **in manifesto** offenkundig – **conferre alci alqd** jemandem etwas zukommen lassen, einbringen – **veraciter** (Adv. zu *verax*): wahrheitsgemäß

Holzschnitt zu Augustins ‚De civitate dei'.
Basel 1489; links: der gerechte Abel mit der ‚civitas dei';
rechts: der Mörder Kain mit der ‚civitas diaboli'.

pirata respondit. Nam cum idem rex hominem interrogaret, quid ei videretur, ut mare haberet infestum, ille libera contumacia: „Quod tibi“, inquit, „ut orbem terrarum; sed quia id ego exiguo navigio facio, latro vocor; quia tu magna classe, imperator.“

4.3 Ciceros Staatsdefinition aus christlicher Sicht (19.21 in Auswahl)

Quapropter nunc est locus, ut, quam potero breviter ac dilucide, expediam, quod in secundo huius operis libro me demonstraturum esse promisi, secundum definitiones, quibus apud Ciceronem utitur Scipio in libris de re publica, numquam rem publicam fuisse Romanam. Breviter enim rem publicam definit esse rem populi. Quae definitio si vera est, numquam fuit Romana res publica, quia numquam fuit res populi, quam definitionem voluit esse rei publicae. Populum enim esse definivit coetum multitudinis iuris consensu et utilitatis communione sociatum. Quid autem dicat iuris consensum, disputando explicat, per hoc ostendens geri sine iustitia non posse rem publicam; ubi ergo iustitia vera non est, nec ius potest esse. Quod enim iure fit, profecto iuste fit; quod autem fit iniuste, nec iure fieri potest. Non enim iura dicenda sunt vel putanda iniqua hominum constituta, cum illud etiam ipsi ius esse dicant, quod de iustitiae fonte manaverit, falsumque esse, quod a quibusdam non recte sentientibus dici solet, id esse ius, quod ei, qui plus potest, utile est. Quocirca ubi non est vera iustitia, iuris consensu sociatus coetus hominum non potest esse et ideo nec populus iuxta illam Scipionis vel Ciceronis definitionem; et si non populus, nec res populi, sed qualiscumque multitudinis, quae populi nomine digna non est. Ac per hoc, si res publica res est populi et populus non est, qui consensu non sociatus est iuris, non est autem ius, ubi nulla iustitia est, procul dubio colligitur, ubi iustitia non est, non esse rem publicam. Iustitia porro ea virtus est, quae sua cuique distribuit. Quae igitur iustitia est hominis, quae ipsum hominem Deo vero tollit et inmundis daemonibus subdit?

---

infestum habere unsicher machen – **contumacia** (h. Abl.): Trotz

quapropter (rel. Anschl.): deshalb – **di-lucidus** klar – **expediam** ~ *explicem* – **Romanam**: erg. *rem publicam* – **cum ... dicant**: kausal – **manare** fließen, herrühren – **quocirca** daher – **iuxta** (spätlat.) ~ *secundum* – **procul dubio** ~ *sine dubio* – **colligitur** ~ *sequitur* – **inmundis daemonibus subdere** unreinen Geistern (~ den heidnischen Göttern) unterstellen

Hocine est sua cuique distribuere? An qui fundum aufert eius, a quo emptus est, et tradit ei, qui nihil habet in eo iuris, iniustus est, et qui se ipsum aufert dominanti Deo, a quo factus est, et malignis servit spiritibus, iustus est?

(. . .)

Nam de utilitate quid dicam, cuius etiam communione sociatus coetus hominum, sicut sese habet ista definitio, populus nuncupatur? Quamvis enim, si diligenter attendas, nec utilitas sit ulla viventium, qui vivunt impie, sicut vivit omnis, qui non servit Deo servitque daemonibus, tanto magis impiis, quanto magis sibi, cum sint inmundissimi spiritus, tamquam diis sacrificari volunt, tamen, quod de iuris consensu diximus, satis esse arbitror, unde appareat per hanc definitionem non esse populum, cuius res publica esse dicatur, in quo iustitia non est . . .

4.4 Augustins Vorschlag einer Staatsdefinition (19.24)

Si autem populus non isto, sed alio definiatur modo, velut si dicatur: „Populus est coetus multitudinis rationalis rerum, quas diligit, concordi communione sociatus", profecto, ut videatur, qualis quisque populus sit, illa sunt intuenda, quae diligit. Quaecumque tamen diligat, si coetus est multitudinis non pecorum, sed rationalium creaturarum et eorum, quae diligit, concordi communione sociatus est, non absurde populus nuncupatur; tanto utique melior, quanto in melioribus, tantoque deterior, quanto est in deterioribus concors. Secundum istam definitionem nostram Romanus populus populus est et res eius sine dubitatione res publica. Quid autem primis temporibus suis quidve sequentibus populus ille dilexerit et quibus moribus ad

---

hoc-i-ne: verstärkt fragend – **fundus** Grundstück, Landgut – **eius, a quo emptus est**: im Dt. substantivisch – **maligni spiritūs** böse Geister

nuncupare (*nomen, capere*): (be)nennen – **quamvis . . .** Konstruktion: *Quamvis enim . . . nec utilitas sit ulla viventium, . . . tamen . . . satis esse arbitror* – **tanto . . . quanto**: *daemonibus, qui tanto magis impii sunt, quanto magis sibi . . . sacrificari volunt* – **cuius** (*res*) **res publica esse dicatur**

ut videatur: Passiv – **quaecumque tamen diligat, . . . non absurde populus nuncupatur** – **non absurde** (Litotes): sinnvoll – **nuncupare** (*nomen, capere*): (be)nennen – **utique** jedenfalls – **deterior** (zu *dē*): schlechter, tiefer stehend

cruentissimas seditiones atque inde ad socialia atque civilia bella perveniens ipsam concordiam, quae salus est quodam modo populi, ruperit atque corruperit, testatur historia; de qua in praecedentibus libris multa posuimus. Nec ideo tamen vel ipsum non esse populum vel eius rem dixerim non esse rem publicam, quamdiu manet qualiscumque rationalis multitudinis coetus, rerum, quas diligit, concordi communione sociatus. Quod autem de isto populo et de ista re publica dixi, hoc de Atheniensium vel quorumcumque Graecorum, hoc de Aegyptiorum, hoc de illa priore Babylone Assyriorum, quando in rebus publicis suis imperia vel parva vel magna tenuerunt, et de alia quacumque aliarum gentium intellegar dixisse atque sensisse. Generaliter quippe civitas impiorum, cui non imperat Deus oboedienti sibi, ut sacrificium non offerat nisi tantummodo sibi et per hoc in illa et animus corpori ratioque vitiis recte ac fideliter imperet, caret iustitiae veritate.

---

socialia bella Bundesgenossenkriege – **ponere** ~ *exponere* – **dixerim**: Potentialis – **hoc ... intellegar dixisse** (unklass. NcI): man wird einsehen, dass ich dies gesagt habe – **quando** h. als, solange – **generaliter quippe** ~ *nam omnino* – **oboedienti sibi** ~ *deo* – **ut**: explic. zu *oboedienti* – **tantummodo** nur – **in illa**: erg. *civitate* – **recte ac fideliter** ~ *e recta fide* – **iustitiae veritate** ~ *verā iustitiā*

5. Begleittexte

5.1 Die Verpflichtung zu politischem Engagement

5.1.1 Catull, Carmen 52

Quid est, Catulle? Quid moraris emori?
Sella in curuli struma Nonius sedet,
Per consulatum peierat Vatinius:
Quid est, Catulle? Quid moraris emori?

Sella in curuli: auf dem kurulischen Stuhl – **struma**: Drüsenschwellung, Kropf – **peierare** ~ *periurare* falsch schwören

5.1.2 Günter Grass: Aus dem Tagebuch einer Schnecke

In diesem 1972 erschienenen Buch versucht der Autor seinen vier Kindern zu erklären, warum, wofür, wogegen er sich in der Politik engagiert. Die folgenden Verse richtet er an seinen Sohn Franz (G. Steidl Verlag, Göttingen).

Später mal, Franz, wenn du enttäuscht bist,
wenn du den Kehrreim des Liedchens „Zwecklos“,
der die Zeile „Hatjadochkeinenzweck“ wiederholt,
mühsam gelernt, in Gesellschaft gesungen,
aus Trotz vergessen
und auf Abendschulen neugelernt hast,
später mal, Franz,
wenn du siehst,
daß es so und auch so und selbst so nicht geht,
wenn es dir schiefzugehen beginnt
und du die Mitgift Glauben verzehrt,
die Liebe im Handschuhfach liegen gelassen hast,
wenn sich die Hoffnung, ein gutwilliger Pfadfinder,
dessen Kniestrümpfe immerfort rutschen,
ins Aschgraue verloren hat,
wenn dir das Wissen beim Kauen schaumig wird,
wenn du fertig bist,
wenn man dich fix und fertig gemacht hat:
flachgeklopft entsaftet zerfasert –
jemand kurz vorm Aufgeben –

wenn du am Ziel – zwar Erster –
den Beifall als Täuschung,
den Sieg als Strafe erkannt hast,
wenn dir die Schuhe mit Schwermut
besohlt worden sind
und Grauwacke deine Taschen beutelt,
wenn du aufgegeben, endlich aufgegeben,
für immer aufgegeben hast, dann – Fränzcken –
nach einer Pause, die lang genug ist,
um peinlich genannt zu werden,
dann stehe auf und beginne dich zu bewegen,
dich vorwärts zu bewegen ...

5.2 Ursprung und Wesen des Staates

5.2.1 Aristoteles (384–322): Politik, Aus dem Anfang des ersten Buches

In seinem Werk „Politik" geht Aristoteles von der natürlichen Haus- und Ehegemeinschaft aus. Mehrere Häuser schließen sich zum Dorf zusammen, mehrere Dörfer wiederum bilden einen Staat (Polis).

Die aus einer Mehrzahl von Dörfern gebildete vollkommene Gemeinschaft ist dann der Staat, der nun schon sozusagen das Ziel der Selbständigkeit in jeder Beziehung erreicht hat und der sich bildet, um das Leben zu ermöglichen, dessen Zweck aber die Verwirklichung eines guten Lebens ist. Darum ist jeder Staat eine Schöpfung der Natur, sofern dies auch jene primitiven Gemeinschaften sind. Denn er ist ihre Vollendung; die Natur aber ist immer etwas Vollendetes. Was nämlich jedes Wesen nach Vollendung seines Werdeprozesses ist, das nennen wir seine Natur, wie z. B. die des Menschen, des Pferdes, des Hauses. Ferner ist der Zweck und die Vollendung das Beste; die Selbständigkeit aber ist ein Zweck und ein Bestes. Daraus erhellt, dass der Staat von Natur und der Mensch von Natur ein staatsbildendes Wesen ist. Wer also keinen Staat hat, nicht durch Zufall, sondern von Natur, der ist entweder minderwertig oder aber mehr als ein Mensch: so z. B. jener von Homer geschmähte Menschentyp, den er „sippenlos, rechtlos und herdlos“ nennt und der, weil er von Natur solcher Art ist, auch streitsüchtig ist, da er keinerlei Verbindung hat wie ein vereinzelter Stein im Brettspiel. Dass aber der Mensch als ein staatsbildendes Wesen höher steht als jede Biene und jedes Herdentier, ist klar. Denn die Natur tut, wie wir behaupten, nichts planlos. Nun ist der Mensch unter allen animalischen Wesen allein im Besitz der Sprache, während die Stimme, das Organ für Äußerungen von Lust und Unlust, auch den Tieren eigen ist. Denn so weit ist ihre Natur gelangt, dass sie Lust- und Unlustempfindungen haben und dies einander mitteilen können. Die Sprache aber dient dazu, das, was nützlich und schädlich, was gerecht und ungerecht ist, offenkundig zu machen. Denn das ist die Eigentümlichkeit des Menschen im Verhältnis zu den Tieren, dass er allein ein Gefühl für den Unterschied von Gut und Böse, von Recht und Unrecht hat. Das gemeinsame Bewusstsein davon aber schafft erst Haus und Staat. So ist denn der Staat von Natur früher als das Haus und jeder Einzelne von uns. Denn das Ganze muss früher sein als der Teil. Zerstört man nämlich den ganzen Organismus, dann wird es keinen Fuß und keine Hand mehr geben, außer dem Namen nach, wie man etwa auch von einer steinernen Hand sprechen kann; denn im Tode ist sie nicht mehr als eine solche. Denn jedes Organ wird durch seine Funktion und seine Leistung bestimmt; hat diese aufgehört, so kann man es auch nicht mehr als dasselbe bezeichnen, außer eben dem Namen nach. Dass also der Staat eine Schöpfung der Natur und früher als jeder Einzelne ist, ist klar. Denn wenn der Einzelne als gesonderte Existenz sich selbst nicht genügt, so wird er sich zu dem Ganzen ebenso verhalten wie die übrigen Teile. Wer aber nicht in Gemeinschaft leben kann oder, weil er sich selbst genügt, einer solchen nicht bedarf, der ist folglich entweder ein Tier oder ein Gott. Der Trieb zu einer solchen Gemeinschaft liegt also von Natur in allen Menschen. Dem aber, der sie zuerst organisiert hat, verdankt man die größten Güter. Denn wie der Mensch, wenn er zu seiner Vollendung gelangt ist, das vortrefflichste aller Wesen ist, so ist er auch, wenn er sich von Recht und Sitte löst, das schlechteste von allen. Wenn nämlich die Ungerechtigkeit bewaffnet ist, so ist sie am allergefährlichsten. Der Mensch aber bekommt von der Natur Vernunft und Willen als Waffen mit, die er zu ganz entgegengesetzten Zwecken gebrauchen kann. Deshalb ist er ohne Rechtschaffenheit das frivolste und wildeste

Wesen und im Verhältnis zu den sinnlichen Genüssen das minderwertigste. Die Gerechtigkeit dagegen ist eine Eigenschaft, die zum Staat in Beziehung steht. Denn das Recht ist die Ordnung der staatlichen Gemeinschaft, und es entscheidet über das, was gerecht ist.

(Übersetzung: Wilhelm Nestle, Kröners Taschenausgabe Nr. 129)

5.2.2 Thomas Hobbes (1588–1679): Leviathan, 17. Kapitel (Auszüge)

In dieser ersten modernen Staatstheorie (erschienen 1651) legt Hobbes zunächst sein naturwissenschaftlich orientiertes Menschenbild dar (Of Man, Kap. 1–16); auf dieser Grundlage errichtet er dann das Gemeinwesen (Of Commonwealth, Kap. 17–31).

Die letzte Ursache und der Hauptzweck des Zusammenlebens der Menschen in einem Staat und somit auch der damit verbundenen Selbstverpflichtung (die in offenem Gegensatz zu seiner natürlichen Freiheitsliebe und seinem Machttrieb steht) ist sein Selbsterhaltungstrieb und sein Wunsch nach einem gesicherten Leben. Damit ist gemeint: der Wunsch, jenem elenden Zustand des Krieges aller gegen alle zu entrinnen, der, wie ich oben schon gezeigt habe, unweigerlich eintritt, wenn der Mensch allein seinen Trieben folgt, d. h. wenn keine sichtbare Gewalt da ist, die ihn in Zucht hält, die ihn durch die Furcht vor Strafen bindet und ihn zu der Einhaltung jener Naturgesetze zwingt, von denen im 14. und 15. Kapitel die Rede war. Denn jene Naturgesetze – Gerechtigkeit, Gleichheit, Bescheidenheit, Barmherzigkeit, kurz alles, was in dem Satz zusammengefasst werden könnte: Handle deinem Mitmenschen gegenüber so, wie du wünschest, dass auch an dir gehandelt werde – laufen unseren natürlichen Trieben zuwider; denn diese führen uns, ohne den Zwang einer höheren Gewalt, zu Missgunst, Stolz und Rachsucht. Und Verträge sind ohne das Schwert leere Worte und vermögen in keiner Weise dem Menschen Sicherheit zu geben. Wenn es keine übergeordnete Gewalt gibt oder wenn sie nicht stark genug ist, vor dem Krieg aller gegen alle zu schützen, so muss sich deshalb jeder, ungeachtet aller Naturgesetze, die im Übrigen auch immer nur dann beachtet worden sind, wenn man gerade Lust dazu hatte und wenn kein persönlicher Schaden damit verbunden war, zum Schutz vor seinem Nächsten auf seine eigenen Kräfte verlassen und hat auch das volle Recht dazu.

...

Die einzige Möglichkeit, eine Gewalt zu schaffen, die in der Lage ist, die Menschen ohne Furcht vor feindlichen Einfällen oder den Übergriffen ihrer Mitmenschen ihres Fleißes und des Bodens Früchte genießen und friedlich für ihren Unterhalt sorgen zu lassen, liegt darin, dass alle Macht einem Einzigen übertragen wird – oder aber einer Versammlung, in der durch Abstimmung der Wille aller zu einem gemeinsamen Willen vereinigt wird. So wird praktisch ein Einziger oder eine Versammlung zum Vertreter aller ernannt, und jeder Einzelne gewinnt auf diese Weise das Gefühl, dass er selbst Teil hat an jeder nur erdenklichen Handlung oder Vorschrift desjenigen, der an seiner Stelle steht. Er wird also für alle Handlungen mitverantwortlich, weil er ja diesem Herrscher oder dieser Versammlung seinen Willen und seine Entscheidungsfreiheit freiwillig übertragen hat. Und dies ist mehr als nur ein Übereinkommen oder ein Friedensversprechen; es ist eine durch Vertrag eines jeden mit jedem gegründete Vereinigung aller zu ein und derselben Person. Jeder Einzelne sagt gleichsam:

Ich gebe mein Recht, über mich selbst zu bestimmen, auf und übertrage es diesem anderen Menschen oder dieser Versammlung – unter der alleinigen Bedingung, dass auch du ihm deine Rechte überantwortest und ihn ebenfalls zu seinen Handlungen ermächtigst.

Wenn sich Menschen so zu einer Person vereinigen, bilden sie einen STAAT, der Lateiner sagt CIVITAS. Dies ist die Geburt des Großen LEVIATHAN, oder vielmehr (um ehrerbietiger zu sprechen) des *sterblichen Gottes*, dem allein wir unter dem *ewigen Gott* Schutz und Frieden verdanken. Durch die (ihm von jedem Einzelnen im Staate zuerkannte) Autorität und die ihm übertragene Macht ist er nämlich in der Lage, alle Bürger zum Frieden und zu gegenseitiger Hilfe gegen auswärtige Feinde zu zwingen. Er macht das Wesen des Staates aus, den man definieren kann als *eine Person, deren Handlungen eine große Menge durch Vertrag eines jeden mit einem jeden als die ihren anerkennt, auf dass sie diese einheitliche Gewalt nach ihrem Gutdünken zum Frieden und zur Verteidigung aller gebrauche.*

Und er, der diese Person trägt, wird SOUVERÄN genannt. Man sagt, er habe *souveräne Gewalt.* Und alle Übrigen nennt man UNTERTANEN. Man kann diese souveräne Gewalt auf zweierlei Weise erringen: Einmal durch natürliche Kraft – wenn man sich z. B. seine Kinder und deren Kinder durch die Drohung, sie umkommen zu lassen, untertan macht oder wenn man sich im Kriege seine Feinde unterwirft, indem man sie am Leben lässt –; zum anderen aber, wenn Menschen in der Hoffnung auf allseitigen Schutz freiwillig untereinander übereinkommen, sich einem Einzelnen oder einer Versammlung zu unterwerfen. Diesen letzteren Staat mag man einen politischen oder *institutionellen* Staat nennen, den ersteren aber einen Eroberungsstaat.

(Übersetzung: Dorothee Tidow, Rowohlts Klassiker Nr. 187–189)

5.2.3 Jacob Burckhardt (1818–1897): Weltgeschichtliche Betrachtungen (dtv-Bibliothek Nr. 6099)

In seiner Vorlesung über geschichtliches Studium behandelt der Schweizer Historiker unter anderem „die drei Potenzen", nämlich Staat, Religion und Kultur. Die Betrachtung des Staates beginnt er folgendermaßen:

Eitel sind alle unsere Konstruktionen von Anfang und Ursprung des Staates, und deshalb werden wir uns hier über diese Primordien nicht wie die Geschichtsphilosophen den Kopf zerbrechen. Nur so viel Licht, dass man sehe, was für ein Abgrund vor uns liegt, sollen die Fragen geben: Wie wird ein Volk zum Volk? und wie zum Staat? Welches sind die Geburtskrisen? Wo liegt *die* Grenze der politischen Entwicklung, von welcher an wir von einem Staat sprechen können?

Absurd ist die Kontrakthypothese für den zu errichtenden Staat, die bei Rousseau auch nur als ideale hypothetische Aushilfe gemeint ist, indem er nicht zeigen will, wie es gewesen sei, sondern, wie es nach ihm sein sollte. Noch kein Staat ist durch einen wahren, d. h. von allen Seiten freiwilligen Kontrakt (*inter volentes*) entstanden; denn Abtretungen und Ausgleichungen wie die zwischen zitternden Romanen und siegreichen Germanen sind keine echten Kontrakte. Darum wird auch künftig keiner so entstehen. Und wenn einer so entstände, so wäre es eine schwache Schöpfung, weil man beständig um die Grundlagen rechten könnte.

...

Oder hätte das Rechtsbedürfnis allein schon den Staat geschaffen? Ach, das hätte noch lange warten müssen! Etwa bis die Gewalt sich selber solange gereinigt hätte, dass sie zu ihrem eigenen Vorteil und um das Ihrige sicher zu genießen, auch andere aus der Verzweiflung zur Ruhe zu bringen für gut fände. Auch dieser einladenden optimistischen Ansicht, wonach die Gesellschaft das Prius und der Staat zu ihrem Schutze entstanden wäre, als ihre negative, abwehrende, verteidigende Seite, so dass er und das Strafrecht identischen Ursprung hätten, können wir also nicht beitreten. Die Menschen sind ganz anders.

...

So ist denn nur zweierlei wahrscheinlich: a) Die Gewalt ist wohl immer das Prius. Um ihren Ursprung sind wir nie verlegen, weil sie durch die Ungleichheit der menschlichen Anlagen von selbst entsteht. Oft mag der Staat nichts weiter gewesen sein als ihre Systematisierung. Oder b) wir ahnen sonst einen höchst gewaltsamen Prozess, zumal der Mischung. Ein Blitzstrahl schmelzt mehreres zu einem neuen Metall zusammen, etwa zwei Stärkere und ein Schwächeres oder umgekehrt. So dürften sich zum Zweck einer Eroberung oder bei Anlass einer solchen die drei Dorierphylen und die drei Gotenstämme zusammengetan haben. Eine schreckliche Gewalt, an die sich das Vorhandene ansetzte, und die dann zur Kraft wurde, sind auch die Normannen in Unteritalien.

Von den furchtbaren Krisen bei der Entstehung des Staates, von dem, was er ursprünglich *gekostet* hat, klingt noch etwas nach in dem enormen, absoluten Vorrecht, das man ihm von jeher gewährt hat.

...

Ist die Krisis eine Eroberung gewesen, so ist der frühste Inhalt des Staates, seine Haltung, seine Aufgabe, ja, sein Pathos wesentlich die Knechtung der Unterworfenen.

5.3 Verfassungstheorie und Verfassungsformen

Polybios über die Mischverfassung und den Kreislauf der Verfassungen (Historien 6.3.5–6.5.1)

Die meisten, die uns über dieses Thema auf methodische Weise eine Beschreibung geben wollen, nennen drei Verfassungsformen: das Königtum, die Aristokratie und als dritte die Demokratie. Meiner Meinung nach könnte aber jemand ganz mit Recht die Frage an sie richten, ob sie uns diese als die einzigen oder als die besten Verfassungen vorführen. Im einen wie im anderen Fall nämlich scheinen sie mir nicht Bescheid zu wissen. Denn es ist klar, dass man als die beste

Verfassung die ansehen muss, die aus all den eben genannten Einzelverfassungen besteht. Denn dafür haben wir nicht nur in der Theorie, sondern auch in der Praxis einen Beweis, da Lykurg als Erster auf diese Weise das Staatswesen der Lakedämonier eingerichtet hat. Doch darf man diese Formen auch nicht als die einzigen ansehen. Denn wir kennen auch noch Staatsformen, die durch die Herrschaft eines Einzelnen, und solche, die durch die Herrschaft eines Tyrannen gekennzeichnet sind. Diese Formen scheinen trotz ihres sehr großen Unterschieds zum Königtum doch eine gewisse Ähnlichkeit mit diesem zu haben. Deshalb benutzen auch alle Tyrannen, soweit möglich, den Namen Königtum fälschlich und auf schmarotzerische Weise. Doch auch Oligarchien hat es mehrere gegeben, die eine gewisse Ähnlichkeit mit den Aristokratien zu haben scheinen, obgleich sich diese beiden Staatsformen am meisten voneinander unterscheiden. Dasselbe gilt auch von der Demokratie. Dass das Gesagte richtig ist, wird aus Folgendem klar. Nicht jegliche Alleinherrschaft nämlich darf gleich Königtum genannt werden, sondern nur die, welche aufgrund freiwilliger Übereinkunft der Regierten zustande kam und die mehr durch Einsicht als durch Furcht und Gewalt gelenkt wird. Doch auch nicht jede Oligarchie darf man für eine Aristokratie halten, sondern nur die, die von einer ausgewählten Gruppe der gerechtesten und klügsten Männer geleitet wird. Ebenso darf man auch den Zustand nicht Demokratie nennen, in dem jede Masse berechtigt ist zu tun, was sie gerade will und vorhat. Sobald aber in solchen Staaten, wo von alters her die Gewohnheit besteht, die Götter zu verehren, die Eltern zu achten, die Älteren zu respektieren und den Gesetzen zu gehorchen, der Mehrheitsbeschluss sich durchsetzt, muss man von Demokratie sprechen. Deshalb muss man auch sechs Verfassungsformen ansetzen, einmal drei, die alle Leute im Munde führen und die ich eben als erste genannt habe, zum anderen drei, die mit diesen ersten drei von Natur aus eng verbunden sind, ich meine Tyrannis, Oligarchie und Ochlokratie (Pöbelherrschaft). Zuerst bildet sich ohne besonderes Zutun und von Natur aus eine erste, urtümliche Form der Alleinherrschaft; dieser folgt und aus ihr entsteht durch planvollen Aufbau und durch Verbesserung das Königtum. Wenn das Königtum sich zu der von Natur aus in ihm angelegten Entartungsform hin verändert hat, d.h. zur Tyrannis geworden ist, dann entsteht aus dem Sturz dieser Entartungsform die Aristokratie. Doch wenn diese Form gemäß ihrer Natur zur Oligar-

chie entartet und die Menge im Zorn die Ungerechtigkeiten der Männer, die an der Spitze stehen, verfolgt, entsteht die Demokratie. Aus dem anmaßenden und gesetzwidrigen Handeln des Volkes wiederum kommt es mit der Zeit zur Ochlokratie. Am klarsten könnte man die Richtigkeit dessen, was ich eben darlegte, erkennen, wenn man sich mit den Anfängen, dem Entstehen und den Wenden der einzelnen Formen – all das vollzieht sich naturgemäß – beschäftigen würde. Denn wer Einblick in das natürliche Entstehen jeder einzelnen Verfassungsform gewinnen könnte, nur der könnte auch Einblick gewinnen in das Wachstum, die Blüte, die Wende und das Ende jeder einzelnen Verfassungsform – wann, wie und wo es wiederkehrt. Am meisten aber passt nach meiner Überzeugung diese Art der Darstellung auf die römische Verfassung, weil sie von Anfang an gemäß der Natur sich geformt hat und gewachsen ist.
Genauer wird vielleicht die Lehre vom naturgemäßen Übergang der einzelnen Verfassungsformen ineinander bei Platon und einigen anderen Philosophen entwickelt. Da sie aber verwickelt ist und in ziemlicher Breite dargestellt wird, ist sie nur wenigen zugänglich.

(Übersetzung: Karl Friedrich Eisen, Reclams UB Nr. 6210)

5.4 Iustitia fundamentum regnorum

5.4.1 Der Artikel „Naturrecht“ aus dem „Lexikon der Ethik“

hg. von Otfried Höffe u. a., München 1980²
(Beck'sche Schwarze Reihe 152)

Naturrecht. Die Theorie des N. versucht, faktisch bestehendes Recht in Richtung auf eine Ordnung zu transzendieren, die menschlicher Setzung bzw. Vereinbarung vorausliegt u. diese normiert. Damit wendet sich die Theorie des N. gegen den Anspruch des *Rechtspositivismus*, geltendes Recht allein schon durch seine Gesetztheit als ‚rechtens‘ oder gültig zu erweisen. (a) Grundproblem jeder N.theorie sind Begriff u. Begründung jener vorausliegenden Ordnung, die seit den *Sophisten* u. *Aristoteles* als ‚Natur‘ angesprochen wird. Natur wird dabei verstanden als sinnvolles u. verpflichtendes Ordnungsgefüge, das auch die Weise menschlichen Handelns u. Zusammenlebens normierend präformiert u. alles Gesetz, das sich naturwüchsiger

Sitte, expliziter Vereinbarung oder willkürlichem Erlass verdankt, als sinnvolle Entsprechung u. Fortsetzung rechtfertigt oder als Störung u. Abweichung diskreditiert. Bei *Platon* u. *Aristoteles*, in Stoa, Neuplatonismus u. christlicher Scholastik gilt (trotz gewichtiger Unterschiede) Natur als Inbegriff einer hierarchisch gestuften, von Zwecken bewegten Ordnung (Kosmos, bzw. Schöpfung), in der jedem Seienden gemäß seinem Wesen der ihm eigene Platz zugewiesen ist. Menschliche Existenz, durch Bewusstsein u. Freiheit vermittelt, kann u. soll im vernünftigen Blick auf die zwecktätige Anordnung der Natur ihre aus vorgegebenen Anlagen ersichtliche (unterschiedliche) Aufgabe übernehmen u. ihr Wesen selbsttätig vollenden. (b) Die Fragwürdigkeit dieses Konzepts begleitet die N.theorie seit ihren Anfängen. Die sophistische Kritik brachte die Schwierigkeit zum Bewusstsein, in der erfahrbaren Natur ein nicht von partikulären Interessen bestimmtes Kriterium zu finden, das die Unterscheidung normativer Aspekte von bloß faktischen der Natur erlaubt. Als ebenso schwierig erwies sich die Aufgabe, in der vorgegebenen gesellschaftlichen Welt die natürlichen Momente von jenen künstlichen zu trennen, die die im Gewand expliziter Rechtsetzung oder anonymer gesellschaftlicher Prozesse auftretende menschliche Willkür je schon geprägt hat. Vollends problematisch wird teleologisch begriffenes N. durch die Dominanz des neuzeitlichen Wissenschaftsbegriffs, der Natur als wertfreien, mathematisch beschreibbaren Kausalzusammenhang bewegter Materie deutet, zu dem der Begriff des Rechts bzw. der Pflicht in keine sinnvolle Beziehung mehr gesetzt werden kann. Konsequenterweise formt der *Rationalismus* der Moderne das N. zu einem Vernunftrecht um. Sein analytisch-synthetisches Verfahren begreift Recht nicht mehr aus einer naturhaft-zweckvoll vorgegebenen Gemeinschaftsordnung, sondern durch eine rationale Konstruktion; diese erschließt aus vorgegebenen Prämissen (der Mensch als gesellig-ungeselliges Bedürfnis- u. Triebwesen, die vorhandenen Mittel der Befriedigung, die vernünftigen Rechte aller Einzelnen) die Bedingungen der Ordnung gegenseitig vereinbarter Ansprüche. Aus der Verbindlichkeit der Natur wird eine Verbindlichkeit der Vernunft, die dort eine Preisgabe bzw. Kontrolle der Natur verlangt, wo deren Mechanik gerade nicht Ordnung garantiert, sondern ins Chaos zu führen droht (*Naturzustand* als Status nicht durch transsubjektive Vernunft kontrollierter Rechtsansprüche). In der Bestimmung der vernunftrechtlich zu sichernden Ansprüche aller

Einzelnen bleibt das rationalistische N. indessen einem schillernden Naturalismus verhaftet (*Hobbes, Grotius, Pufendorf*, z. T. *Rousseau*). Erst *Kant* hat den Begriff eines „a priori durch jedes Menschen Vernunft erkennbaren Rechts" (Metaph. d. Sitten § 36) geklärt. Es ist der Inbegriff aller Rechte u. Pflichten, die sich aus dem Begriff eines freien Vernunftwesens ergeben, das zu anderen freien Subjekten in ein Verhältnis der Interaktion, der Abhängigkeit u. möglicher Beeinträchtigung tritt. Menschliche Vernunft bedarf zur Erreichung ihrer sittlichen Zwecke des äußeren Freiheitsspielraums; als Vernunft will sie auch die Vernunft der anderen: damit ist die Teilung der äußeren Freiheitssphäre nach einem alle in gleicher Weise verpflichtenden Gesetz anerkannt. Da menschliche Willkür nicht von selbst diesem Gesetz gehorcht, verlangt das Vernunftrecht von sich aus zu seiner Verwirklichung die Etablierung einer positiven Gewalt, die die Willkür des einen zur Kompatibilität mit der Willkür des anderen zu zwingen vermag. Das positive Gesetz dient der Sicherung und Durchsetzung des natürlichen Rechts, der ‚Probierstein der Rechtmäßigkeit eines jeden öffentlichen Gesetzes' ist die mögliche Zustimmung aller Betroffenen, insofern sie vernünftig sind. Die teleologische *lex naturalis* war ein Gesetz natürlich vorgegebener Zwecke, das N. der Neuzeit macht die vernünftige Freiheit aller u. ihr empirisches Korrelat kompatibler Willkürfreiheit zum Prinzip u. Maßstab allen positiven Rechts.

5.4.2 Gustav Radbruch (1878–1949): Erste Stellungnahme nach dem Zusammenbruch 1945

Erschienen am 12. 9. 1945 in der Rhein-Neckar-Zeitung

Rechtsphilosophische Besinnung

1. Befehl ist Befehl, heißt es für den Soldaten. Gesetz ist Gesetz, sagt der Jurist. Während aber für den Soldaten Pflicht und Recht zum Gehorsam aufhören, wenn er weiß, dass der Befehl ein Verbrechen oder Vergehen bezweckt, kennt der Jurist, seit vor etwa hundert Jahren die letzten Naturrechtler unter den Juristen ausgestorben sind,

keine solchen Ausnahmen von der Geltung des Gesetzes und von dem Gehorsam der Untertanen des Gesetzes. Das Gesetz gilt, weil es Gesetz ist, und es ist Gesetz, wenn es in der Regel der Fälle die Macht hat, sich durchzusetzen.

Diese Auffassung vom Gesetz und seiner Geltung (wir nennen sie die positivistische Lehre) hat die Juristen wie das Volk wehrlos gemacht gegen noch so willkürliche, noch so grausame, noch so verbrecherische Gesetze. Sie setzt letzten Endes das Recht der Macht gleich: nur wo die Macht ist, ist das Recht.

2. Man hat diesen Satz durch einen anderen Satz ergänzen wollen: Recht ist, was dem Volke nützt.

Das heißt: Willkür, Vertragsbruch, Gesetzwidrigkeit sind, sofern sie nur dem Volke nützen, Recht. Das heißt praktisch: was den Inhaber der Staatsgewalt gemeinnützig dünkt, jeder Einfall und jede Laune des Despoten, Strafe ohne Gesetz und Urteil, gesetzloser Mord an Kranken, sind Recht. Das *kann* heißen: der Eigennutz des Herrschenden wird als Gemeinnutz angesehen. Und so hat die Gleichsetzung von Recht und vermeintlichem oder angeblichem Volksnutzen einen Rechtsstaat in einen Unrechtsstaat verwandelt.

Nein, es hat nicht zu heißen: alles was dem Volke nützt, ist Recht, vielmehr umgekehrt: nur was Recht ist, nützt dem Volke.

3. Recht ist Wille zur Gerechtigkeit. Gerechtigkeit aber heißt: ohne Ansehen der Person richten, an gleichem Maße alle messen.

Wenn die Ermordung politischer Gegner geehrt, der Mord am Andersrassigen geboten, die gleiche Tat gegen die eigenen Gesinnungsgenossen aber mit den grausamsten, entehrendsten Strafen geahndet wird, so ist das weder Gerechtigkeit noch Recht.

Wenn Gesetze den Willen zur Gerechtigkeit bewusst verleugnen, z. B. Menschenrechte Menschen nach Willkür gewähren und versagen, dann fehlt diesen Gesetzen die Geltung, dann schuldet das Volk ihnen keinen Gehorsam, dann müssen auch die Juristen den Mut finden, ihnen den Rechtscharakter abzusprechen.

4. Gewiss, neben der Gerechtigkeit ist auch der Gemeinnutz ein Ziel des Rechts. Gewiss, auch das Gesetz als solches, sogar das schlechte Gesetz hat noch immer *einen* Wert – den Wert, das Recht Zweifeln gegenüber sicherzustellen. Gewiss, menschliche Unvollkommenheit lässt im Gesetze nicht immer alle drei Werte des Rechts: Gemeinnutz, Rechtssicherheit und Gerechtigkeit, sich harmonisch vereinigen, und es bleibt dann nur übrig abzuwägen, ob dem schlechten, dem schädli-

chen oder ungerechten Gesetze um der Rechtssicherheit willen dennoch Geltung zuzusprechen oder um seiner Ungerechtigkeit oder Gemeinschädlichkeit willen die Geltung zu versagen sei. Das aber muss sich dem Bewusstsein des Volkes und der Juristen tief einprägen: es *kann* Gesetze mit einem solchen Maße von Ungerechtigkeit und Gemeinschädlichkeit geben, dass ihnen die Geltung, ja der Rechtscharakter abgesprochen werden muss.

5. Es gibt also Rechtsgrundsätze, die stärker sind als jede rechtliche Satzung, so dass ein Gesetz, das ihnen widerspricht, der Geltung bar ist. Man nennt diese Grundsätze das Naturrecht oder das Vernunftrecht. Gewiss sind sie im Einzelnen von manchen Zweifeln umgeben, aber die Arbeit der Jahrhunderte hat doch einen festen Bestand herausgearbeitet und in den sogenannten Erklärungen der Menschen- und Burgerrechte mit so weit reichender Übereinstimmung gesammelt, dass in Hinsicht auf manche von ihnen nur noch gewollte Skepsis den Zweifel aufrechterhalten kann.

In der Sprache des Glaubens aber sind die gleichen Gedanken in zwei Bibelworten niedergelegt. Es steht einerseits geschrieben: „Jedermann sei untertan der Obrigkeit, die Gewalt über ihn hat" (Römer 13,1), aber andrerseits auch: „Man muss Gott mehr gehorchen als den Menschen" (Apostelgesch. 5,29) – und das ist nicht etwa nur ein frommer Wunsch, sondern ein geltender Rechtssatz. Die Spannung aber zwischen diesen beiden Worten kann man nicht durch ein drittes lösen, etwa durch den Spruch: „Gebet dem Kaiser was des Kaisers und Gott was Gottes ist" – denn auch dieses Wort lässt die Grenzen im Zweifel. Vielmehr: es überlässt die Lösung der Stimme Gottes, welche nur angesichts des besonderen Falles im Gewissen des Einzelnen zu ihm spricht.

5.5 Das Problem der römischen Weltherrschaft

Sallust, Der Brief des Mithridates

Mithridates VI. Eupator (etwa 132–63 v. Chr.) hatte sich in Kleinasien ein Reich aufgebaut und sogar nach Griechenland ausgegriffen. Nachdem schon Sulla Siege gegen ihn errungen hatte, kam Mithridates gegen Lucullus immer mehr in Schwierigkeiten; nach dessen Sieg bei Tigranokerta (69 v. Chr.) lässt Sallust den König einen Brief an den Partherkönig Arsakes XII. (= Phraates III.) schreiben.

1 Rex Mithridates regi Arsaci salutem.
Omnes, qui secundis rebus suis ad belli societatem orantur, conside-
rare debent, liceatne tum pacem agere, dein, quod quaesitur, satisne
2 pium, tutum, gloriosum an indecorum sit. Tibi si perpetua pace frui
licet, nisi hostes opportuni et scelestissumi, egregia fama, si Romanos
oppresseris, futura est, neque petere audeam societatem et frustra
3 mala mea cum bonis tuis misceri sperem. Atque ea, quae te morari
posse videntur, ira in Tigranem recentis belli et meae res parum
4 prosperae, si vera existumare voles, maxume hortabuntur. Ille enim
obnoxius qualem tu voles societatem accipiet; mihi fortuna multis
rebus ereptis usum dedit bene suadendi et, quod florentibus optabile
est, ego non validissumus praebeo exemplum, quo rectius tua conpo-
nas.

5 Namque Romanis cum nationibus, populis, regibus cunctis una et ea
vetus causa bellandi est: cupido profunda imperi et divitiarum. Qua
primo cum rege Macedonum Philippo bellum sumpsere, dum a
6 Carthaginiensibus premebantur, amicitiam simulantes. Ei subvenien-
tem Antiochum concessione Asiae per dolum avortere; ac mox fracto
Philippo Antiochus omni cis Taurum agro et decem milibus talento-

Mithridates VI. Eupator.

Arsakes XII. (= Phraates III.).

1 König Mithridates grüßt den König Arsakes.
Alle, die in glücklichen Verhältnissen leben und um ein Kriegsbündnis gebeten werden, müssen erstens überlegen, ob sie in der augenblicklichen Lage noch Frieden halten können, zweitens, ob das Erbetene hinreichend moralisch, gefahrlos und ruhmträchtig oder ob
2 es unehrenhaft ist. Wenn du beständigen Frieden genießen könntest, wenn die Feinde nicht leicht zu besiegende Schwerverbrecher wären, wenn ein Sieg über die Römer dir nicht außergewöhnlichen Ruhm brächte, dann würde ich nicht wagen, dich um ein Bündnis zu bitten, und vergebens hoffen, mein Unglück mit deinem Glück zu vereinen.
3 Was dich jedoch scheinbar zögern lassen könnte: dein Zorn auf Tigranes wegen des jüngsten Krieges und meine nicht gerade günstige Lage, wird, bei richtiger Einschätzung, sogar zum stärksten Antrieb
4 für dich werden. Denn Tigranes ist gefährdet und wird mit einem Bündnis nach deinem Wunsch einverstanden sein; mir hat das Schicksal zwar viel genommen, jedoch auch die nötige Erfahrung für gute Ratschläge verliehen. In meiner Ohnmacht gebe ich ein Beispiel (und glücklichen Leuten ist so etwas doch erwünscht), damit du deine Angelegenheiten umso vernünftiger regelst.
5 Die Römer haben nämlich von alters her für den Krieg mit allen Stämmen, Völkern und Königen nur eine Ursache: ihre bodenlose Gier nach Macht und Besitz. Sie war der Grund, weshalb sie zunächst gegen den Makedonenkönig Philipp einen Krieg vom Zaun brachen, obwohl sie Freundschaft geheuchelt hatten, solange sie von den
6 Karthagern bedrängt wurden. Den Antiochos brachten sie hinterlistig von seiner Hilfe für Philipp ab, indem sie ihm Kleinasien überließen. Bald darauf aber, nachdem Philipps Macht gebrochen war, wurden dem Antiochos alles Land diesseits des Tauros und zehntausend

7 rum spoliatus est. Persen deinde, Philippi filium, post multa et varia
certamina apud Samothracas deos acceptum in fidem callidi et reper-
8 tores perfidiae, quia pacto vitam dederant, insomniis occidere. Eume-
nen, quoius amicitiam gloriose ostentant, initio prodidere Antiocho
pacis mercedem, post, habitum custodiae agri captivi, sumptibus et
contumeliis ex rege miserrumum servorum effecere, simulatoque
inpio testamento filium eius Aristonicum, quia patrium regnum peti-
verat, hostium more per triumphum duxere; Asia ab ipsis obsessa est.
9 Postremo Bithyniam Nicomede mortuo diripuere, quom filius Nysa,
quam reginam appellaverat, genitus haud dubie esset.

10 Nam quid ego me appellem? Quem diiunctum undique regnis et
tetrarchiis ab imperio eorum, quia fama erat divitem neque servi-
turum esse, per Nicomedem bello lacessiverunt, sceleris eorum haud
ignarum et ea, quae adcidere, testatum antea Cretensis, solos om-
11 nium liberos ea tempestate, et regem Ptolemaeum. Atque ego ultus
iniurias Nicomedem Bithynia expuli Asiamque, spolium regis Antio-
12 chi, recepi et Graeciae dempsi grave servitium. Incepta mea postre-
mus servorum Archelaus exercitu prodito inpedivit. Illique, quos
ignavia aut prava calliditas, ut meis laboribus tuti essent, armis
abstinuit, acerbissumas poenas solvunt, Ptolemaeus pretio in dies
bellum prolatans, Cretenses inpugnati semel iam neque finem nisi
excidio habituri.

13 Equidem quom mihi ob ipsorum interna mala dilata proelia magis
quam pacem datam intellegerem, abnuente Tigrane, qui mea dicta
sero probat, te remoto procul, omnibus aliis obnoxiis, rursus tamen
bellum coepi, Marcumque Cottam, Romanum ducem, apud Calche-
14 dona terra fudi, mari exui classe pulcherruma. Apud Cyzicum magno

7 Talente weggenommen. Perses sodann, der Sohn des Philipp, hatte
sich ihnen beim Heiligtum der samothrakischen Götter nach vielen
wechselvollen Kämpfen ergeben und stand unter ihrem Schutz: Diese
hinterlistigen Erfinder des Vertragsbruchs töteten ihn durch Entzug
des Schlafes, weil sie ihm vertraglich das Leben geschenkt hatten.
8 Den Eumenes, mit dessen Freundschaft sie großtun, verrieten sie
zunächst an Antiochos als Preis für den Frieden, später benutzten sie
ihn als Wächter des eroberten Gebiets und erniedrigten ihn durch
Ausbeutung und Beleidigungen vom König zum erbärmlichsten Skla-
ven. Sie unterschoben ein abscheuliches Testament und führten
seinen Sohn Aristonikos wie einen Kriegsfeind im Triumphzug mit,
nur weil er das Königreich seines Vaters beansprucht hatte; sie selbst
9 besetzten Kleinasien. Zuletzt raubten sie nach dem Tod des Nikome-
des Bithynien, obwohl ihm zweifellos von Nysa, die er zur Königin
erhoben hatte, ein Sohn geboren worden war.
10 Was soll ich da noch mich erwähnen? Obwohl ich allerseits durch
Königreiche und Tetrarchien von ihrem Herrschaftsgebiet getrennt
war, ließen sie mich durch Nikomedes zum Krieg reizen auf das
Gerücht hin, ich sei reich und nicht unterwürfig. Ich kannte ihre
verbrecherische Gesinnung genau und hatte die weitere Entwicklung
den Kretern vorausgesagt, den einzigen freien Menschen zu dieser
11 Zeit, und dem König Ptolemaios. Ich rächte mich für das Unrecht,
vertrieb den Nikomedes aus Bithynien, gewann Kleinasien zurück,
das sie von König Antiochos erbeutet hatten, und erlöste Griechen-
12 land aus seiner drückenden Knechtschaft. Meine Unternehmungen
behinderte Archelaos, der minderwertigste aller Sklaven, indem er
das Heer verriet. Feigheit oder die falsche Berechnung, durch meine
Anstrengungen bereits in Sicherheit zu sein, hielt die Kreter und
Ptolemaios vom Krieg ab, und dafür müssen sie nun schwer büßen:
Ptolemaios schiebt durch Zahlungen den Krieg von Tag zu Tag
hinaus, die Kreter wurden schon einmal angegriffen, und enden kann
dies nur mit ihrem Untergang.
13 Ich selbst sah, dass mir durch die innenpolitischen Schwierigkeiten
der Römer eher Aufschub im Kampf als Friede vergönnt war, daher
nahm ich den Krieg wieder auf, obwohl Tigranes, der mir jetzt zu spät
Recht gibt, seine Beteiligung ablehnte, obwohl du fern warst und alle
anderen schwach waren. Ich schlug den römischen Feldherrn Marcus
Cotta bei Kalchedon zu Lande, auf dem Meer nahm ich ihm eine sehr
14 schöne Flotte weg. Als ich vor Kyzikos mit einem großen Heer bei der

cum exercitu in obsidio moranti frumentum defuit, nullo circum
adnitente; simul hiems mari prohibebat. Ita sine vi hostium regredi
conatus in patrium regnum naufragiis apud Parium et Heracleam
15 militum optumos cum classibus amisi. Restituto deinde apud Cabe-
ram exercitu et variis inter me atque Lucullum proeliis inopia rursus
ambos incessit. Illi suberat regnum Ariobarzanis bello intactum, ego
vastis circum omnibus locis in Armeniam concessi. Secutique Romani
non me, sed morem suom omnia regna subvortundi, quia multitudi-
nem artis locis pugna prohibuere, inprudentiam Tigranis pro victoria
ostentant.

16 Nunc quaeso considera, nobis oppressis utrum firmiorem te ad resi-
stundum an finem belli futurum putes? Scio equidem tibi magnas opes
virorum, armorum et auri esse; et ea re a nobis ad societatem, ab illis
ad praedam peteris. Ceterum consilium est, Tigranis regno integro,
meis militibus belli prudentibus, procul ab domo parvo labore per
nostra corpora bellum conficere, quo neque vincere neque vinci sine
17 tuo periculo possumus. An ignoras Romanos, postquam ad occiden-
tem pergentibus finem Oceanus fecit, arma huc convortisse? Neque
quicquam a principio nisi raptum habere, domum, coniuges, agros,
imperium? Convenas olim sine patria, parentibus, peste conditos
orbis terrarum, quibus non humana ulla neque divina obstant, quin
socios, amicos, procul iuxta sitos, inopes potentisque trahant, excin-
18 dant, omniaque non serva et maxume regna hostilia ducant? Namque
pauci libertatem, pars magna iustos dominos volunt, nos suspecti
19 sumus aemuli et in tempore vindices adfuturi. Tu vero, quoi Seleucea,
maxuma urbium, regnumque Persidis inclutis divitiis est, quid ab illis
20 nisi dolum in praesens et postea bellum expectas? Romani arma in

Belagerung aufgehalten wurde, gingen mir die Lebensmittel aus, und
kein Mensch ringsum half mir; zugleich verhinderte der Winter den
Nachschub zur See. Durch diese Umstände, nicht vom Feind gezwun-
gen, versuchte ich, in mein ererbtes Reich zurückzukehren, verlor
aber durch Schiffbrüche bei Parion und Herakleia meine besten
15 Soldaten samt den Flotten. Als ich dann bei Kabeira wieder ein Heer
aufgestellt und gegen Lucullus mehrmals mit wechselndem Erfolg
gefochten hatte, brach abermals in beiden Lagern der Nahrungsman-
gel aus. Ihm stand in der Nähe das vom Krieg verschonte Königreich
des Ariobarzanes zur Verfügung, ich musste mich nach Armenien
zurückziehen, da ringsum alles verwüstet war. Die Römer folgten,
nicht mir, sondern ihrer Gewohnheit, alle Throne zu stürzen; weil sie
durch das enge Gelände die Masse der Truppen daran hinderten, am
Kampf teilzunehmen, stellen die Römer die Unklugheit des Tigranes
als ihren Sieg heraus.

16 Nun überlege bitte, ob du nach unserer Vernichtung dich für wider-
standsfähiger hältst oder ob du dann das Ende des Krieges gekom-
men glaubst. Ich jedenfalls weiß, dass du große Hilfsquellen an
Menschen, Waffen und Geld hast; wir wollen dich deshalb als Bun-
desgenossen gewinnen, jene aber als Beute. Da das Reich des Tigra-
nes ungeschwächt ist und meine Soldaten kriegserfahren sind, geht
unser Plan dahin, fern von deinem Land und mit geringer Anstren-
gung deinerseits durch unseren persönlichen Einsatz den Krieg zu
beenden. Wir können in ihm weder siegen noch unterliegen ohne
17 Gefahr für dich. Oder weißt du nicht, dass die Römer ihre Waffen
hierher gewandt haben, nachdem im Westen das Weltmeer ihren
Vormarsch aufhielt? Und dass sie von Anfang an alles nur durch Raub
besitzen: Haus, Weib, Land und Reich? Dass sie einst ein zusammen-
gelaufener Haufen waren ohne Heimat und nennenswerte Vorfah-
ren, geschaffen zum Verderben der Welt? Dass kein menschliches
und kein göttliches Recht sie daran hindert, Bundesgenossen und
Freunde, nahe und ferne Menschen, Schwache und Mächtige auszu-
plündern und zu vernichten, und dass sie alles, was ihnen nicht dient,
18 vor allem Königreiche, für feindlich halten? Denn nur wenige Men-
schen wollen die Freiheit, der Großteil will gerechte Herren. Wir sind
ihnen verdächtig als Rivalen und bei Gelegenheit als künftige Rä-
19 cher. Du aber, dem Seleukeia gehört, die größte aller Städte, und das
Königreich Persis mit seinem berühmten Reichtum, was hast du
20 von ihnen zu erwarten als heute Hinterlist und morgen Krieg? Die

omnis habent, acerruma in eos, quibus victis spolia maxuma sunt;
21 audendo et fallundo et bella ex bellis serundo magni facti. Per hunc
morem exstinguent omnia aut occident; quod haud difficile est, si tu
Mesopotamia, nos Armenia circumgredimur exercitum sine fru-
mento, sine auxiliis, fortuna aut nostris vitiis adhuc incolumem.
22 Teque illa fama sequetur auxilio profectum magnis regibus latrones
23 gentium oppressisse. Quod uti facias, moneo hortorque, neu malis
pernicie nostra tuam prolatare quam societate victor fieri.

Römer haben Waffen gegen jedermann, die schärfsten gegen diejeni-
gen, deren Niederlage die größte Beute verspricht. Durch Wagemut,
21 Betrug und eine Kette von Kriegen sind sie groß geworden. Mit
diesem Charakter werden sie alles vernichten oder selber untergehen;
dies zweite ist gar nicht schwer herbeizuführen, wenn du von Meso-
potamien, wir von Armenien her ihr Heer einschließen, das ohne
Nachschub und Verstärkungen dasteht und nur durch Glück oder
22 unsere Fehler noch unversehrt ist. Und dir wird der Ruhm nachfol-
gen, dass du großen Königen zu Hilfe gezogen bist und die Ausbeuter
23 der Völker niedergeworfen hast. Ich mahne dich dringend, so zu
handeln! Siege lieber mit uns im Bunde, anstatt durch unseren
Untergang den deinen nur hinauszuschieben!

5.6 Der wahre Staatsmann

5.6.1 Cincinnatus (Livius, Ab urbe condita 3.26.7–29.7)

Die Aequer waren im 5. Jh. v. Chr. erbitterte Feinde Roms. Als sie 458 wieder einmal die Stadt angriffen und sogar ein römisches Heer unter dem Konsul Minucius in seinem Lager einkesselten, beschloss der Senat, den L. Quinctius Cincinnatus („Lockenkopf") zum Diktator zu ernennen.

26 7 Operae pretium est audire, qui omnia prae divitiis humana spernunt
neque honori magno locum neque virtuti putant esse, nisi ubi effuse
8 affluant opes. Spes unica imperii populi Romani, L. Quinctius, trans
Tiberim, contra eum ipsum locum, ubi nunc navalia sunt, quattuor
9 iugerum colebat agrum, quae prata Quinctia vocantur. Ibi ab legatis –
seu fossam fodiens palae innixus seu cum araret, operi certe, id quod
constat, agresti intentus – salute data in vicem redditaque rogatus, ut,
quod bene verteret ipsi reique publicae, togatus mandata senatus
audiret, admiratus rogitansque „Satin salve?" togam propere e
10 tugurio proferre uxorem Raciliam iubet. Qua simul absterso pulvere
ac sudore velatus processit, dictatorem eum legati gratulantes consa-
11 lutant, in urbem vocant; qui terror sit in exercitu, exponunt. Navis
Quinctio publice parata fuit, transvectumque tres obviam egressi filii
excipiunt, inde alii propinqui atque amici, tum patrum maior pars. Ea
12 frequentia stipatus antecedentibus lictoribus deductus est domum. Et
plebis concursus ingens fuit; sed ea nequaquam tam laeta Quinctium
vidit, et imperium nimium et virum in ipso imperio vehementiorem
rata. Et illa quidem nocte nihil praeterquam vigilatum est in urbe.

26 7 **operae pretium est** (m. Inf.): es ist der Mühe wert – **audire** h. genau zuhören; erg. *eos* – **effuse affluere** reichlich zufließen

8 **contra** h. gegenüber – **navalia, ium** (zum Adj. *navalis*): Schiffswerft, Dock – **iugerum** (Pl. *iugera, -um, -ibus*): röm. Flächenmaß (ca. 2500 qm, also ¼ Hektar) – **pratum** Wiese

9 **seu … fodiens … seu cum araret**: Variatio – **pala** Spaten – **inniti alci rei** sich auf etwas stützen – **salute data in vicem redditaque** (Abl. abs.): nach gegenseitiger Begrüßung – **quod bene verteret** was zum Segen ausschlagen solle – **togatus** in der Toga – **satin salve?** (~ *satisne salve agitis?*): steht alles gut bei euch? – **propere** (Adv.): eilends – **tugurium** Hütte

10 **simul** ~ *simulac* (ordnen Sie: *Qua velatus … simulac processit*) – **abs-tergēre** *(-tersi, -tersum)*: abwischen – **sudor** Schweiß – **dictatorem**: präd.

11 **stipare** h. umringen

12 **nihil praeterquam** ~ *nihil aliud actum est quam*

27 1 Postero die dictator, cum ante lucem in forum venisset, magistrum
equitum dicit L. Tarquinium, patriciae gentis, sed qui, cum stipendia
pedibus propter paupertatem fecisset, bello tamen primus longe
2 Romanae iuventutis habitus esset. Cum magistro equitum in contio-
nem venit, iustitium edicit, claudi tabernas tota urbe iubet, vetat
3 quemquam privatae quicquam rei agere. Tum, quicumque aetate
militari essent, armati cum cibariis in dies quinque coctis vallisque
4 duodenis ante solis occasum Martio in campo adessent; quibus aetas
ad militandum gravior esset, vicino militi, dum is arma pararet
5 vallumque peteret, cibaria coquere iussit. Sic iuventus discurrit ad
vallum petendum. Sumpsere, unde cuique proximum fuit; prohibitus
nemo est; impigreque omnes ad edictum dictatoris praesto fuere.
6 Inde composito agmine non itineri magis apte quam proelio, si res ita
tulisset, legiones ipse dictator, magister equitum suos equites ducit. In
utroque agmine quas tempus ipsum poscebat adhortationes erant:
7 adderent gradum; maturato opus esse, ut nocte ad hostem perveniri
posset; consulem exercitumque Romanum obsideri, tertium diem iam
clausos esse; quid quaeque nox aut dies ferat, incertum esse; puncto
8 saepe temporis maximarum rerum momenta verti. „Adcelera, signi-
fer!“, „Sequere, miles!“ inter se quoque gratificantes ducibus clama-
bant. Media nocte in Algidum perveniunt et, ut sensere se iam prope
hostes esse, signa constituunt.
28 1 Ibi dictator, quantum nocte prospici poterat, equo circumvectus
contemplatusque, qui tractus castrorum quaeque forma esset, tri-
bunis militum imperavit, ut sarcinas in unum conici iubeant, militem
cum armis valloque redire in ordines suos. Facta, quae imperavit.

---

27 1 **magister equitum** Reiteroberst – **stipendia facere** Kriegsdienst leisten

2 **iustitium edicere** den Stillstand der Rechtsgeschäfte anordnen – **taberna** Laden

3 **cibaria cocta** Brotrationen – **vallus** (auch *vallum*): Schanzpfahl

4 **vallum petere** (kollekt. Sing.): Schanzpfähle beschaffen

5 **impigre** (Adv.): eifrig – **praesto esse** zu Diensten sein

6 **apte** (Adv.): Konjektur von Madvig; das überlieferte *apti* fügt sich nur schwer in die Konstruktion.

7 **addere gradum** den Schritt beschleunigen – **maturato opus est** Eile tut Not – **momentum vertitur** die Entscheidung fällt

8 **adcelerare** h. sich beeilen – **signifer** Träger des Feldzeichens – **gratificari alci** sich jemandem gefällig erweisen – **Algidus** Teil der Albanerberge – **signa constituere** Halt machen

28 1 **tractus** h. Ausdehnung – **sárcina** Marschgepäck – **vallum** Schanzpfähle – **ordo** h. Abteilung

2 Tum, quo fuerant ordine in via, exercitum omnem longo agmine
circumdat hostium castris et, ubi signum datum sit, clamorem omnes
tollere iubet; clamore sublato ante se quemque ducere fossam et
3 iacere vallum. Edito imperio signum secutum est. Iussa miles exsequi-
tur; clamor hostes circumsonat; superat inde castra hostium et in
4 castra consulis venit; alibi pavorem, alibi gaudium ingens facit. Ro-
mani civilem esse clamorem atque auxilium adesse inter se gratulantes
5 ultro ex stationibus ac vigiliis territant hostem. Consul differendum
negat; illo clamore non adventum modo significari, sed rem ab suis
coeptam; mirumque esse, ni iam exteriore parte castra hostium
oppugnentur. Itaque arma suos capere et se subsequi iubet.
6 Nocte initum proelium est; legionibus dictatoris clamore significant
7 ab ea quoque parte rem in discrimine esse. Iam se ad prohibenda
circumdari opera Aequi parabant, cum ab interiore hoste proelio
coepto, ne per media sua castra fieret eruptio, a munientibus ad
pugnantes introrsum versi vacuam noctem operi dedere, pugnatum-
que cum consule ad lucem est.
8 Luce prima iam cirumvallati ab dictatore erant et vix adversus unum
exercitum pugnam sustinebant. Tum a Quinctiano exercitu, qui con-
festim a perfecto opere ad arma rediit, invaditur vallum. Hic instabat
9 nova pugna; illa nihil remiserat prior. Tum ancipiti malo urgente a
proelio ad preces versi hinc dictatorem, hinc consulem orare, ne in
occidione victoriam ponerent, ut inermes se inde abire sinerent. Ab
10 consule ad dictatorem ire iussi; is ignominiam infensus addidit; Grac-
chum Cloelium ducem principesque alios vinctos ad se adduci iubet,
oppido Corbione decedi. Sanguinis se Aequorum non egere; licere

---

2 **quo ... ordine** ~ *eo ordine, quo*

3 **superare** h. hinausdringen über – **alibi ... alibi** auf der einen, auf der anderen Seite

4 **civilis** ~ *civium* – **ultro** von sich aus, ihrerseits

6 **res in discrimine est** die Sache steht zur Entscheidung an

7 **prohibenda circumdari opera**: Zugrunde liegt ein NcI *opera circumdari prohibentur,* der hier im Gerundiv auftaucht; es ergibt sich also: *iam Aequi se parabant ad opera circumdari prohibenda.* – **cum ... dedere**: cum inversivum; beginnen Sie einen neuen Hauptsatz, ordnen Sie *versi* bei! – **introrsum** *(<intro-vorsum):* nach innen gewandt, auf der Innenseite – **vacuus alci rei** frei, ungestört für etwas

8 **circumvallare** rings mit einem Wall einschließen – **Quinctianus** ~ *Quinctii (Cincinnati)* – **confestim** sofort – **invadere** h. auf etwas steigen – **illa ... prior**: erg. *pugna* – **remittere** h. nachlassen

9 **occidio** Gemetzel – **inermis** (zu *arma*): waffenlos – **infensus** erbittert, aufgebracht

10 **Corbio**: latinische, zeitweilig aequische Stadt am Osthang der Albanerberge

abire; sed, ut exprimatur tandem confessio subactam domitamque
11 esse gentem, sub iugum abituros. Tribus hastis iugum fit, humi fixis
duabus superque eas transversa una deligata. Sub hoc iugum dictator
Aequos misit.
29 1 Castris hostium receptis plenis omnium rerum – nudos enim emiserat
– praedam omnem suo tantum militi dedit; consularem exercitum
2 ipsumque consulem increpans: „Carebis“, inquit, „praedae parte,
miles, ex eo hoste, cui prope praedae fuisti; et tu, L. Minuci, donec
consularem animum incipias habere, legatus his legionibus praeeris.“
3 Ita se Minucius ábdicat consulatu iussusque ad exercitum manet. Sed
adeo tum imperio meliori animus mansuete oboediens erat, ut benefi-
cii magis quam ignominiae hic exercitus memor et coronam auream
dictatori libram pondo decreverit et proficiscentem eum patronum
salutaverit.
4 Romae a Q. Fabio praefecto urbis senatus habitus triumphantem
Quinctium, quo veniebat agmine, urbem ingredi iussit. Ducti ante
currum hostium duces, militaria signa praelata, secutus exercitus
5 praeda onustus. Epulae instructae dicuntur fuisse ante omnium do-
mos, epulantesque cum carmine triumphali et sollemnibus iocis co-
missantium modo currum secuti sunt.
6 Eo die L. Mamilio Tusculano approbantibus cunctis civitas data est.
Confestim se dictator magistratu abdicasset, ni comitia M. Volsci,
falsi testis, tenuissent. Ea ne impedirent tribuni, dictatoris obstitit
7 metus. Volscius damnatus Lanuvium in exilium abiit. Quinctius sexto
decimo die dictatura in sex menses accepta se abdicavit.

---

egēre h. m. Gen. *(sanguinis)* – **confessionem exprimere alci** jemandem ein Geständnis abnötigen

11 **hasta** Speer – **transversus** quer – **deligare** festbinden

29 1 **nudus** h. nur mit der Tunika bekleidet – **increpare** jemanden hart anfahren, schelten

3 **se abdicare alqa re** ein Amt niederlegen, abdanken (so auch in §6 und 7) – **mansuetus** (zu *manus, suetus*): sanft, gelassen – **libram pondo** von einem Pfund (326 g) an Gewicht – **patronus** (präd.): h. Retter

4 **triumphantem**: präd. – **quo ... agmine** ~ *eo agmine, quo*

5 **instructae ... fuisse**: „verschobenes Tempus“ statt *esse* – **sollemnis** h. üblich – **comissari** umherschwärmen, zechen

6 **civitas** h. Bürgerrecht – **confestim** sogleich – **M. Volsci**: Gen. obi. – **dictatoris obstitit metus, ne** die Furcht vor dem Diktator verhinderte, dass – **Lanuvium**: Latinerstadt in den Albanerbergen

5.6.2 Max Weber: Politik als Beruf

Aus einem Vortrag, den der Soziologe 1919 vor Münchener Studenten hielt:

Man kann sagen, dass drei Qualitäten vornehmlich entscheidend sind für den Politiker: Leidenschaft – Verantwortungsgefühl – Augenmaß. Leidenschaft im Sinn von *Sachlichkeit*: leidenschaftliche Hingabe an eine „Sache", an den Gott oder Dämon, der ihr Gebieter ist. Nicht im Sinne jenes inneren Gebarens, welches mein verstorbener Freund GEORG SIMMEL als „sterile Aufgeregtheit" zu bezeichnen pflegte, wie sie einem bestimmten Typus vor allem russischer Intellektueller (nicht etwa: allen von ihnen!) eignete, und welches jetzt in diesem Karneval, den man mit dem stolzen Namen einer „Revolution" schmückt, eine so große Rolle auch bei unseren Intellektuellen spielt: eine ins Leere verlaufende „Romantik des intellektuell Interessanten" ohne alles sachliche Verantwortungsgefühl. Denn mit der bloßen, als noch so echt empfundenen Leidenschaft ist es freilich nicht getan. Sie macht nicht zum Politiker, wenn sie nicht, als Dienst an einer „Sache", auch die *Verantwortlichkeit* gegenüber ebendieser Sache zum entscheidenden Leitstern des Handelns macht. Und dazu bedarf es – und das ist die entscheidende psychologische Qualität des Politikers – des *Augenmaßes*, der Fähigkeit, die Realitäten mit innerer Sammlung und Ruhe auf sich wirken zu lassen, also: der *Distanz* zu den Dingen und Menschen. „Distanzlosigkeit", rein als solche, ist eine der Todsünden jedes Politikers und eine jener Qualitäten, deren Züchtung bei dem Nachwuchs unserer Intellektuellen sie zu politischer Unfähigkeit verurteilen wird. Denn das Problem ist eben: wie heiße Leidenschaft und kühles Augenmaß miteinander in derselben Seele zusammengezwungen werden können? Politik wird mit dem Kopfe gemacht, nicht mit anderen Teilen des Körpers oder der Seele. Und doch kann die Hingabe an sie, wenn sie nicht ein frivoles intellektuelles Spiel, sondern menschlich echtes Handeln sein soll, nur aus Leidenschaft geboren und gespeist werden. Jene starke Bändigung der Seele aber, die den leidenschaftlichen Politiker auszeichnet und ihn von den bloßen „steril aufgeregten" politischen Dilettanten unterscheidet, ist nur durch die Gewöhnung an Distanz – in jedem Sinn des Wortes – möglich. Die „Stärke" einer politischen „Persönlichkeit" bedeutet in allererster Linie den Besitz dieser Qualitäten.

Einen ganz trivialen, allzu menschlichen Feind hat daher der Politiker täglich und stündlich in sich zu überwinden: die ganz gemeine *Eitelkeit,* die Todfeindin aller sachlichen Hingabe und aller Distanz, in diesem Fall: der Distanz sich selbst gegenüber.

Eitelkeit ist eine sehr verbreitete Eigenschaft, und vielleicht ist niemand ganz frei davon. Und in akademischen und Gelehrtenkreisen ist sie eine Art von Berufskrankheit. Aber gerade beim Gelehrten ist sie, so antipathisch sie sich äußern mag, relativ harmlos in dem Sinn: dass sie in aller Regel den wissenschaftlichen Betrieb nicht stört. Ganz anders beim Politiker. Er arbeitet mit dem Streben nach *Macht* als unvermeidlichem Mittel. „Machtinstinkt" – wie man sich auszudrücken pflegt – gehört daher in der Tat zu seinen normalen Qualitäten. – Die Sünde gegen den heiligen Geist seines Berufs aber beginnt da, wo dieses Machtstreben *unsachlich* und ein Gegenstand rein persönlicher Selbstberauschung wird, anstatt ausschließlich in den Dienst der „Sache" zu treten. Denn es gibt letztlich nur zwei Arten von Todsünden auf dem Gebiet der Politik: Unsachlichkeit und – oft, aber nicht immer, damit identisch – Verantwortungslosigkeit. Die Eitelkeit: das Bedürfnis, selbst möglichst sichtbar in den Vordergrund zu treten, führt den Politiker am stärksten in Versuchung, eine von beiden, oder beide zu begehen. Umso mehr, als der Demagoge auf „Wirkung" zu rechnen gezwungen ist, – er ist eben deshalb stets in Gefahr, sowohl zum Schauspieler zu werden, wie die Verantwortung für die Folgen seines Tuns leicht zu nehmen und nur nach dem „Eindruck" zu fragen, den er macht. Seine Unsachlichkeit legt ihm nahe, den glänzenden Schein der Macht statt der wirklichen Macht zu erstreben, seine Verantwortungslosigkeit aber: die Macht lediglich um ihrer selbst willen, ohne inhaltlichen Zweck, zu genießen. Denn obwohl, oder vielmehr: gerade *weil* Macht das unvermeidliche Mittel und Machtstreben daher eine der treibenden Kräfte aller Politik ist, gibt es keine verderblichere Verzerrung der politischen Kraft, als das parvenümäßige Bramarbasieren mit Macht und die eitle Selbstbespiegelung in dem Gefühl der Macht, überhaupt jede Anbetung der Macht rein als solcher. Der bloße „Machtpolitiker", wie ihn ein auch bei uns eifrig betriebener Kult zu verklären sucht, mag stark wirken, aber er wirkt in der Tat ins Leere und Sinnlose. Darin haben die Kritiker der „Machtpolitik" vollkommen Recht. An dem plötzlichen inneren Zusammenbruch typischer Träger dieser Gesinnung haben wir erleben können, welche innere Schwäche und Ohnmacht sich hinter dieser protzigen, aber gänzlich leeren Geste verbirgt. Sie ist Produkt einer höchst dürftigen und oberflächlichen Blasiertheit gegenüber dem *Sinn* menschlichen Handelns, welche keinerlei Verwandtschaft hat mit dem Wissen um die Tragik, in die alles Tun, zumal aber das politische Tun, in Wahrheit verflochten ist.